媽媽陪孩子 玩出作文力

曾玟蕙 著

從遊戲中突破寫作障礙，獲取作文高分金鑰！

有媽媽引導，孩子寫作好好玩！

那天，我到便利商店繳費後，匆忙走到街邊牽摩托車。隔著好幾輛車，那女人也在牽車，她看我一眼，我也看她一眼，當我把車發動，她來到我身旁，說有個小皮箱，問我要不要，因為她要搬家了，這東西用不著，讓她感到累贅，或許適合我。

一瞬間，我的腦海浮現了故事情節，懸疑的，童話的，科幻的……

我感到遲疑，也覺得不妥，但紅色的膠面復古行李箱，被擱上我摩托車的腳踏墊。女人說跟我結緣，我卻防備的想著，她從事回收工作嗎？這皮箱看來不破爛，難道是犯案證物？但它乾淨得很。

當我發動車子要走時，她向我道謝，而我的心始終狂跳，我的理智提醒我，我教育孩子防範陌生人，自己怎麼欠缺防備！

我不該接受來路不明的物品，但這只皮箱，它讓我感覺，一個尋著故事的靈魂住在我的身體裡。我也可以想像到，星哥將追問著我：「女人是個老婆婆嗎？她穿什麼樣的衣服？她有拿其他東西嗎？她要搬家到哪裡去啊？」

問題能成形，往往是他的腦海已有了想像。

從前，給孩子上作文課的時候，我常會丟出問題當開頭。

如果有天在路上，一個素昧平生的女人提著一只行李箱說要送你，你會怎麼回應呢？

孩子會想像，會延伸，會反問。而後，那節課會變得好玩，文字不再單調，故事自由成形，好像隨時插上翅膀就要飛了。

當問題在現實中成立了，發生了，我怎能理智拒絕！

如果送人雨傘意味著分手，送人手帕恐讓對方哭泣，那我是不是將踏上旅途？還是這皮箱打開後，我將有一場奇幻發現？

那天，提著一只皮箱回家，星哥問哪裡買的？星爸說他喜歡，復古的，不多見！星妹說，送給她當玩具箱吧，拜託拜託！

幾年過去了，那只皮箱最終成了回憶的祕密基地，塞得滿滿的勞作、公仔、禮物、畫本、相片、石頭、運筆簿、明信片、旅行帶回的紀念品……

只要打開復古行李箱，許多好玩的事就會跳進孩子的腦海，包括媽媽曾經遇見一個陌生人，把一個藏有故事的行李箱帶回家……。寫作題材都等在這兒了，寫作障礙自然能一一克服吧！

撰寫這系列的書，希望有心陪孩子學寫作的媽媽明白，孩子寫作是一件很自然、愉悅的生活進行曲，隨時可以發生，隨處可以進行；也想用行李箱的回憶，和媽媽們分享，生活中處處有寫作的題材，想像力很好玩……

如果孩子覺得寫作文有障礙，那就先讓孩子感覺好玩吧！

對孩子而言，好玩很重要。媽媽陪孩子自學作文，不要把寫作當成功課，要把作文變好玩。孩子的學習路，沒有「跟不跟得上」的疑慮，有的是「準備好了沒」的關心。準備好了，打開感官去感受趣味，打開想像讓生活精彩，好玩的事就會經常發生，作文也就不再有障礙了。

PART 1 孩子的障礙，如何解？

Content

PART 2 用「聽、說」把作文變好玩

PART 3 作文應用，從「行動」開始

Content

PART 4 常見的作文功課這樣解

孩子的障礙，
如何解？

想陪孩子自學作文的媽媽，
你是不是也有這些疑惑？

還不會寫字，怎麼學作文！
先學會寫字，才能學作文嗎？

當然不是！

作文要寫得順，必須有想法，必須有感動，必須擁有寫作材料，這些都可以從幼兒時期累積、醞釀和收集。

怎麼累積、醞釀和收集呢？帶孩子玩耍，啟動孩子的感官發條；在生活中陪孩子對話，讓孩子釐清自己的感情線索；帶領孩子遊走在媽媽的專業和興趣，讓孩子感受樂趣也學習同理……這些都是不需要學會寫字，孩子就能感受和學習的作文能力。

字數不夠被退回！
一篇作文應該寫幾個字？

寫幾個字不是重點。請引導孩子聽、說、讀、寫，讓孩子習慣表達，喜歡分享，作文自然會成為孩子的能力，而不是被強迫的功課。

媽媽陪孩子自學作文，必須持續成長，因而，最好有一個清楚的學習目標，例如：

　　一年級，尚在建構字的概念，先練習造詞，再練習說短句。

　　二年級，引導孩子「說心情」，先練習說生活，再練習一百字以內的圖文日記。

　　三年級，練習用兩百字～三百字把事情說清楚。四年級，敘事要清楚，也要追求精彩，目標是三～四百字。以此類推，五年級、六年級練習四百～五百字、五百～六百字的作文，這時候，必須具備敘事的能力，繼續加強描寫和議論的功夫，讓感官的發現更細膩，思想的表現也更具體。

低年級寫作文太難啦！
學校的課程安排，是幾年級開始寫作文？

　　三年級正式開始。但主要仍依照學校規定和老師安排。學校若規定低年級寫作文，這時候，讓孩子「感覺自信、不排斥寫作」是最重要的。

　　媽媽陪孩子自學作文，到三年級再嘗試寫出講求段落的文章即可，在那之前，可以讓孩子練習用說的，可以豐富孩子的詞彙，可以陪孩子感受生活……，這些都已經是學作文囉！

孩子不會分段！
寫作功課，什麼時候可以不分段？

一百字以內的小日記或看圖寫短文，可以不分段。

分段的目的就像蓋一間房子，要先規畫、設計，再逐步完成。分段，能讓結構明白，文句表現條理，否則一長篇文字讀來會顯得雜亂。

造句好難啦！
孩子不愛造句，除了媽媽唸給他抄，
還能怎麼辦？

當低年級的孩子「不會」，媽媽可以陪孩子看例句，請孩子想一想：在生活中，有哪樣的情景可以套用到規定的字詞裡？如果孩子依然說不會，那就說一些參考的句子讓他聽聽。給孩子參考句，是要讓孩子感受到，媽媽跟他一起努力著，媽媽會耐心的陪他學習造句。

若是中高年級的孩子，就不必提供參考句，可以和孩子聊聊想法，想想回憶中的畫面，利用對話，讓孩子看見自己的能力。不斷的鼓勵孩子試試看，總有一天孩子會覺得造句太容易啦！

學國語很傷神，寫作文就傷心！
國語課和作文有什麼關係？

　　國語課程是作文的基礎。

　　孩子學課文，不是為了應付考試。認字的過程，孩子對字形、字義有了概念；學會語詞，才能建構出他的語句；詞彙越豐富，文句組織越精彩；熟讀佳作，腦海會有熟悉的語句節奏，跟著組織出流暢的句子。

　　國語和作文密不可分，期待孩子用文字表達見解、抒發情感，那就先讓孩子喜愛國語吧！

孩子就是不愛寫！
寫作文之前，媽媽可以陪孩子做什麼？

　　寫作就像烘焙，孩子是師傅，必須實際練習，和不斷累積經驗，才能獲得製作的概念和技巧；而製作的燃料和材料，是孩子的感受力、生活力和回憶能力。

　　感受力從小培養。帶孩子出門體驗，看四季的色調，聽自然的聲息，感受雨淋，擁抱花香，經驗就是寫作的能量，不累積能量，孩子的內在空虛，也就欠缺動力。

　　生活力來自踏實的日常。陪孩子聊天，跟孩子討論，孩子就能在平常的經歷中獲得體會，也能在文章中掌握情緒和思想。

　　寫作之前，請媽媽陪孩子說話、陪孩子旅行，有一天，當孩子回憶起溫馨的點滴，就是他寫下動人文字的時候了。

作文功課拿回家寫，孩子無奈，媽媽害怕啊！

媽媽不會寫作文，怎麼教孩子？

　　我寫作，因為我有話想說。

　　媽媽有沒有話想說呢？例如，謝謝爸爸的體諒；例如，孩子啊，拜託你長記性一點吧！例如，物價不要漲漲漲啊！

　　每個人都有話想說。無話可說的人，可能是：不知道該怎麼說，不知從何說起，或不知道說了有沒有人聽，於是不說。

　　希望孩子獨立寫作，媽媽應該從孩子小時候就跟孩子不停的說。說，不是嘮叨，不是抱怨，是說出內心話。至於，怎麼讓孩子聽媽媽說，甚至同理媽媽呢？

　　先跟孩子說媽媽對他的愛，說媽媽和爸爸的故事，也說說媽媽懂他的心情……

　　在親子的對話中醞釀情感，在閱讀的過程累積文字底子，從生活中學習句子的運用，都是教孩子寫作文的過程。

老師說要背成語！
成語、名言一定幫作文加分嗎？

　　成語和名言能增添文章的深度，但運用成語、佳句，必須自然，沒必要賣弄，也要小心別弄巧成拙。

　　寫出真摯情感和深刻體驗，才是最必要的。但，如果能持續的背成語，對作文肯定有幫助。

孩子的作文滿江紅！
老師改孩子的語句，會讓孩子失去自信嗎？

　　不會。

　　老師出於認真、善意、專業的教學動機，孩子就不會因此失去自信。

　　曾經有個家長表示：「孩子的詞句被紅筆刪改過，那不算孩子寫的文章啦！只寫評語就好了吧？」

　　試想，當孩子慣用口語來陳述事件或表達看法，又欠缺閱讀習慣和口述練習的情況下，如何進步？

　　把修改看成指導，孩子可以從中學到順暢的用語。否則，孩子得花更多時間去摸索，不是嗎？

　　但要注意的是：老師不應該改掉孩子的原意，老師刪改的只能是不通順的語句。

PART 2
用「聽、說」把作文變好玩

　　寫作文，就是寫出內在的想法。如果孩子的內心空洞，文句當然口語、乏味。

　　孩子不會寫，往往就是「聽進去的」少、「說出口的」也少！

　　讓孩子從「聽」開始學習作文，從中釐清情感，也發現問題。喜歡聽之後，再引導孩子「說」出看法和收穫。

　　生活中，有許多被迫等待的時間。旅行中，等待到達目的地的時候，用餐時，等待上菜的時間，都能打開耳朵、張開嘴巴，玩分享、說趣味，只要孩子感覺「好玩」，作文就不是難題了。

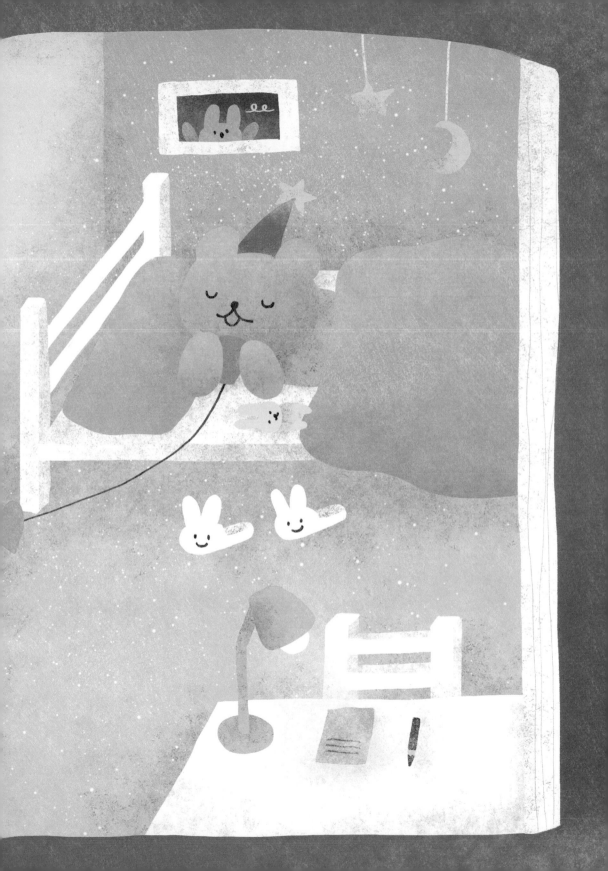

～學齡前，比正音課更重要的是～
玩出自信和樂趣

　　早晨，我在客廳忙碌，側耳聽著稚嫩的童音認真的拼讀。

　　曾經，星哥也對ㄅㄆㄇ感到生澀，轉眼，孩子學會注音，能閱讀國字，他已經忘了初識注音符號時的窘境。

　　不久後，星妹也將獨立閱讀，但眼前，她皺眉咬字的模樣，在我的腦海定格了，我將小心收藏孩子的純真，日後也將想念這段從容時光。

　　學習注音符號，是孩子從文盲跨向閱讀的過程，沒必要讓孩子強記死背打壞了學習胃口。利用遊戲豐富孩子的生活，也激發孩子的創意，很自然的，孩子在掌握注音後，就可以愉快認國字，一切發展也是水到渠成。

　　注音符號隨時都能開始學，也總能學會，但孩子的純真、可愛，不會永遠等著讓我們發現。學注音放輕鬆，玩出自信和樂趣很重要！孩子的世界很繽紛，童稚的視角總能捕捉大人看不到的驚奇，而驚奇將延伸孩子的想像，成為孩子日後寫作的獨特創意。

媽媽可以這樣做 mom

●陪孩子玩沙畫

在家裡給孩子一盤沙，在沙盤上畫出符號。外出在沙灘上，也可以陪孩子畫ㄅㄆㄇ。

◀星妹的注音符號塗鴉──〈歡樂樂園〉。

●鼓勵孩子玩塗鴉

讓孩子把平常看到的、聽到的、想到的，隨手畫下來。把記錄當成遊戲，讓塗鴉成為習慣，當他開始接觸注音，也會積極的用符號記錄，用塗鴉來學習。

●陪孩子玩期待

請媽媽用注音寫一封信給孩子，再陪孩子把信藏起來。告訴孩子，等他學會認讀注音，就有能力知道祕密囉！

●陪孩子玩故事

針對孩子不熟的符號,請孩子畫出想像。每個注音符號都是一個角色或物體,讓孩子畫出具體的人或物,再說故事。

星妹的好玩故事:

ㄜ先生在搬貨物,但是他搬不動,所以他叫ㄏ小妹幫忙,可是ㄏ小妹在唱歌、跳舞,所以她叫ㄝ小貓去幫忙,ㄝ小貓說他在吃蛋糕,然後他躲進ㄊ房子裡,坐在ㄖ椅子上,還一手拿著蛋糕、一手拿著ㄠ飯糰。最後,還是ㄜ先生自己把大紙箱搬下來。

小提醒

請不要問「『ㄝ小貓』這麼大,怎麼進入『ㄊ房子』裡」,如果總是在意合理,故事就會少了許多趣味。

idea 給媽媽的小錦囊

注音是學習國字的輔助工具,若沒學好,閱讀能力將受限,也會影響孩子學習國語的興趣。但,不要因為很多人都說:「上小學後注音教很快!」就心急了。認識注音、學習拼音,只要開始,總能慢慢的進步,不需要過度看重這個課程。

把握親子共聚的時光,帶孩子玩耍、陪孩子聊天,才能幫助孩子的心智發展和想像啟發,也才能培養出未來人才需要的根本:自信和創意。

認字前，先玩「生活語詞」

有一次，我們坐在車裡，三歲的星妹忽然指著窗外說：「那個，我要吃，吃海濤的便當。」

「這裡沒有海濤便當。」我看看窗外說。

「有！我要吃海濤的！」星妹嚷。

「沒有！」我想著：三歲的孩子執拗起來，真像頭牛啊！

星哥突然咧嘴笑了，指著窗外喊：「媽媽，妹妹要吃悟饕的便當啦！」

原來，星妹看見自己愛吃的那家便當店，一時說不出店名，就聯想起姑姑常提到的某位法師了。

三歲的年紀，學會的語詞越來越多，勇於表達的孩子，也容易發生跳躍聯想，所以星妹把「帥哥」說成「歪哥」，星哥把「襯衫」說成「蟋蟀」，但很快的，孩子會從記憶語詞躍升到關注語意。

四歲的星妹問，什麼是「合家歡」？什麼是「回顧」？什麼是「乏人問津」？有「熱戰」嗎？因為有「冷戰」。什麼是「臉色大變」？臉跟大便有什麼關係？

五歲的星妹問，什麼是「人事」？我說，是和人有關的事情。她又問，「離開人世」為什麼是死掉的意思？

呵！陪孩子對話，很好玩。

小小孩對語詞充滿好奇和想法啊！不必等到上學才配合著功課寫造詞，在生活中跟小寶貝玩生活語詞，就是建構孩子的基礎作文能力。

●從孩子出生開始→養成親子共讀的習慣

喜愛聽故事的孩子，不知不覺中會吸收許多新詞。

●在日常生活中→當一個自言自語的媽媽

小小孩聽進去的語詞會儲存在腦海的資料庫，漸漸的也會建構出屬於自己的慣用語詞。

●當孩子發生障礙→持續說故事給孩子聽

有些孩子進入國小後，發生閱讀上的障礙，這時候，聽故事可以親近字詞。越好玩的故事，越有機會能讓孩子的思緒和書裡的文字獲得連結。

在日常互動中，讓孩子經過「聽」的練習，到慢慢的學著「說」。大方的說，是孩子用詞進步的關鍵，媽媽必須展現包容和鼓勵，即便孩子說錯，也不要急著糾正，孩子才會主動的親近國語，然後喜歡上作文。

媽媽的生日我作主

物品清單1
例：到日本的機票。

結果1
例：媽媽在飯店，感動的哭了。

清單3

結果3

媽媽的生日到了，
孩子想給媽媽
辦一個驚喜派對。
請孩子畫出清單，
將需要採買的物品
寫（畫）出來，
並聯想結果。

清單2

結果2

清單4

結果4

遊戲目的

以生活相關的事件，讓孩子想名詞（物品清單），
再聯想結果（包含動詞、形容詞、副詞等）。除了
讓孩子學習詞彙運用，也動動腦聯想故事。

「造詞」當遊戲，寫作不絞盡腦汁

一天下午，星哥為了寫一篇〈接力賽〉的作文，在書桌前坐了半天，卻只完成第一段，我一問才知道，他想寫裁判那「砰」一聲，卻不知道該怎麼寫。

我告訴他「起跑槍」這關鍵詞以後，像打通他的任督二脈，他笑著埋頭寫：

當起跑槍「砰」一聲響了，像鴕鳥一樣有雙瘦長腿的諸葛向前衝去……

詞彙，是寫作的工具，如果掌握不好，事件就說不清楚，感覺就像腦袋裡有一盤散沙，無法用有效的工具將想法表現出來，於是造成寫作上的障礙，然後孩子可能被歸類為詞不達意，寫作文感受不到成就，當然會討厭作文啦！

因此，媽媽必須注意，不要小看孩子認字、學習語詞的過程，包括學校的造詞作業，都跟作文有關喔！

● 在生活中玩接龍

除了用「語詞尾音造新詞」的接龍方式，還可以從孩子的興趣玩接龍，例如，孩子喜歡旅行，就玩地名接龍、國名接龍，孩子喜歡美食，就玩點心接龍。

● 相反詞腦力激盪

你說東、我說西，兩人比賽，說出相反或相對的語詞。

例：A 說「靴子」，B 說「涼鞋」。A 說「台北」，B 說「台南」。

A 說「地下室」，B 說「頂樓」。A 說「陽光」，B 說「雨水」。

＊這個比賽沒有標準答案，但要能自圓其說。

● 單位量詞接力賽

A 拍手說名詞：國旗，然後兩個手心向上。

接著→ B 用手拍 A 的手心，說答案：一面國旗。

再換→ B 拍手說名詞：筷子，然後兩個手心向上。

接著→ A 用手拍 B 的手心，說答案：一雙筷子。

＊說不出答案或動作錯誤者就輸一次，最後看誰獲勝。

孩子腦海中的辭彙是否豐富，決定的不是幾歲學會認字，而在於他「聽」進多少故事，閱讀了多少喜歡的文字。和閱讀有連結的孩子，認讀文字有耐心，對語詞較敏感，自然能靈活寫出通順的語句，否則一篇文章寫下來，然後又然後，所以又所以，讓人看得很乏味。

詞彙迷宮 走走看

玩法：幫每個語詞主角找到①②③三個相關詞句，最後到達迷宮的出口。

親子互動時間

主角

小貓

棉花糖

夏天

①甜蜜蜜。

①呼嚕呼嚕聲。

①蟬聲唧唧。

唧─

②打開耳朵，
像聽到交響樂。

②就像愛撒嬌
的小孩。

②像踩在雲朵上，
感覺幸福。

③毛茸茸的
很可愛。

③熱情無法擋的
音樂祭。

③融在嘴裡，
甜在心裡。

出口

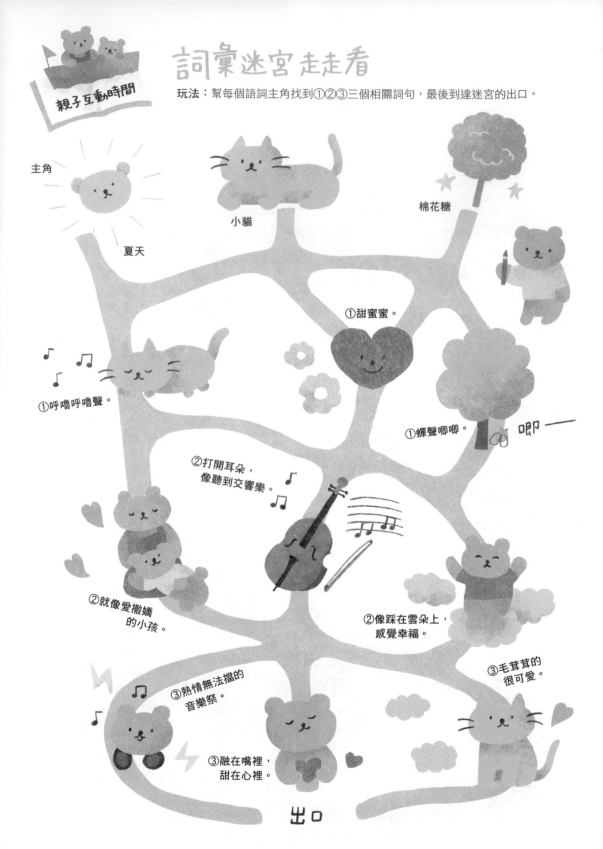

～打開耳朵學作文～
從生活去理解，照樣造句變好玩了

星哥小學二年級，期中考結束後，我發現孩子的國語考卷裡，有一大題全錯。

題目：親切的打招呼。(請照樣造句)
孩子寫了：輕輕的拍著背。（紅筆打×）
　　　　　靜靜的陪著你。（紅筆打×）

我問星哥：「看見鄰居，我們會親切打招呼，對吧？除了親切打招呼，我們還用什麼態度，跟鄰居做什麼互動？」

星哥說：「開心說Hello、愉快說早安。」

是啊！有何不可？

做學習太拘泥，孩子容易倒胃口，先引起興趣，理解他的出發點，再教正規，孩子會容易進入狀況些。

「還有，在特別的日子裡，我們會用什麼心情，做什麼事呢？」我問。

「高興的切蛋糕，啊！還有，有一本書裡面有寫到鄰居生氣的按電鈴。」星哥說。(註：親子天下出版，閱讀123，《危險！請不要按我》)

嗯，很好。我們也可以往反向去尋求答案，例如：火大的說再見、冷漠的轉過身。這樣想是不是容易點了？

照樣造句的目的是，讓孩子能延伸想法，有活潑的語句可運用，少了強記死背，孩子會更樂意學。低年級的國語，與其教孩子什麼詞修飾什麼詞，不如讓孩子往生活去聯想和理解，讓孩子從名稱、動作去了解一個句子的組成，這就是作文的基礎了。

隔天放學後，孩子愉快的說出三、四個答案，他說老師解釋過了，他也學起來了。孩子開心，媽媽也放心了。考試過後，陪著孩子認真的檢視一張考卷，清楚孩子的學習成果，才是有意義的考試，而分數存在的目的也只是要告訴孩子：

學會了，很棒！不會的，趁現在再學一次！

【突破障礙的妙方】
先了解題目的意思，再往生活中的人、事、時、地、物聯想，想出好玩的答案。

●教孩子往生活連結

例一：（小狗）對（主人）搖搖尾巴→（我）對（妹妹）搖搖頭
【往身邊的人做連結】

例二：（樹上）（掛著）（閃爍的燈泡）→（地上）（鋪著）（柔軟的地毯）
【往家裡的環境做連結】

●從語詞引導孩子找線索

例一：一顆顆小星星像鑽石。
　　　→從語詞引發孩子的興趣，問低年級的孩子：
　　　「小星星一顆顆，電線桿也是一顆顆嗎？」
　　　孩子可能回答：「是一根根。」
　　　媽媽再問：「汽車呢？」
　　　孩子說：「一輛輛。」
　　　再問孩子：「一輛輛的汽車像什麼呢？」
　　　「像積木、像老虎、像閃電。」孩子可能這樣說。
　　　接著問孩子原因，並請孩子說出完整的句子。

例二：大海是小魚的家。
　　　→從掌握句意開始，問孩子：
　　　「大海 為什麼 是小魚的家？」
　　　孩子可能說：「因為魚住在海裡。」

再問孩子：「有什麼人或東西，經常出現在哪個地方？」

「鉛筆在鉛筆盒裡，蝴蝶在公園裡，小嬰兒在搖籃裡。」孩子說。

接著問孩子：「所以，鉛筆盒對鉛筆來說，像什麼一樣？」

孩子可能說：「鉛筆盒是鉛筆的休息室，花園是蝴蝶的遊戲間，搖籃是小寶寶的……」

當孩子說不出答案，再給孩子提示，讓他去想像，問孩子：「搖籃搖啊搖，感覺像什麼？」或「嬰兒睡在搖籃裡會怎麼樣？」

孩子就可能因此想到：「搖籃是嬰兒的海盜船，搖籃是嬰兒的安眠窩。」

●教孩子往相反狀況（情境、態度）聯想

例：難以忘懷的回憶→難以忍受的經歷

問孩子是不是有難以忘懷的回憶，那是什麼感受？相反的感受是什麼？孩子有過什麼樣的經驗？

假設孩子說：「把妹妹弄哭了很後悔。上台出糗很丟臉。」就可以陪孩子造出這樣的句子：難以彌補的錯事。難以逃避的災難。

「歡天喜地的小朋友」，可以造「愁眉苦臉的老爺爺」，但如果孩子造了「拳打腳踢的小壞蛋」，拳打腳踢並非「形容詞＋名詞＋形容詞＋名詞」的結構，而是「名詞＋動詞＋名詞＋動詞」，應該給對嗎？

對於中低年級的孩子，我會給孩子一個紅勾勾當獎勵，再告訴孩子差別在哪裡，如果孩子聽不懂，就以後再說吧！

一篇作文的組成從「字」開始，而後是「語詞」、「句子」、「段落」、最後才能成篇章，生字、造詞、造句的學習成果，都將影響孩子的作文能力，確實要仔細，但，如果過程中，因為太過要求，使得孩子討厭造句，接下來，他也不會喜歡作文啦！

養好孩子的語文胃口，讓孩子有成就感，真的很重要！

語詞碰撞魔法

說明：將語詞卡剪下，再進行遊戲。本書第145～150頁附有語詞卡，可剪下使用。

玩法：

1. 兩人進行對決，將語詞卡平分。
2. 猜拳輸的人先出一張牌，贏的人後出牌。
3. 先出牌的人看見兩張牌後，要進行「語詞碰撞魔法」，十秒內進行腦力激盪，
   說出一個語詞或句子。

　＊沒有標準答案，但要能自圓其說。

例：A出「香蕉」，B出「貓咪」→A說：「猴子按電鈴。」
　　A解釋：「猴子和貓咪是朋友，猴子要到貓咪家玩，帶了自己最愛吃的香
　　蕉，這時候要先按電鈴。」

例：B出「老師」＋「游泳」→B說：「減肥。」
　　B解釋：「老師為了減肥，只好天天去游泳。」

例：A出「作夢」＋B出「烏龜」→A說：「烏龜飛起來。」
　　A解釋：烏龜希望自己飛起來，兔子說：「除非你作夢，不然不可能啦！」

例：B出「遊覽車」＋A出「風吹雨打」→B說：「求神明保佑。」
　　B解釋：「遊覽車在颱風天出遊，遇上風吹雨打，這時候只能求神明保佑啦！」

直排輪

地球

籃球場

老巫婆

救護車

貓打呼

陽光　　窗簾　　戰爭

卡車　　果汁　　網路

車禍　　烤肉　　買菜

飛翔　　下課　　考試

海洋生態

律師

七個小矮人

尾巴

酗酒陋

跌倒

美味可口

基隆夜市

綠色

日月潭

帳篷

宗教

校長

馬桶

彈跳床

香港腳

藥

吃到飽

緩慢

螃蟹

農曆七月

對不起

飛天魔毯

怒吼

虎牙

水溝

空氣汙染

陪孩子，共創幸福的段落

那天，孩子到奶奶家。回家後，星妹開心的分享：

「姑姑和姑丈帶我們去爬山，奶奶沒有去。」

星哥說：「我嚇死了，山路很陡，我一邊走一邊尖叫，大姑姑扶我，我像老佛爺，哈哈。」

「我跟二姑姑先走，我都不怕，還走很快喔！」妹妹說。

「他們笑我……」哥哥接著說。

「哥哥很好笑，他一直叫，人家跟他說害怕就不要爬，他也不要。」

「我也想玩啊！」

聽完兩人七嘴八舌的敘述，我說：

「媽媽沒有跟你們去爬山，但是，你們說的話，讓我看到過程了。」

趁孩子還沒把話題扯開，我趕緊將兩人的對話整理出來，並用孩子的視角表現：

「妹妹說：今天，我們和姑姑、姑丈去爬山，可惜奶奶沒有去，不然肯定更好玩。雖然山路很陡，讓哥哥不斷的發出尖叫，不過我一點都不感到害怕，反而覺得很好玩呢！妹妹是不是這樣說呢？」

妹妹點點頭。我接著說：

「哥哥應該是想說：說到爬山啊，真讓我又愛又恨！因為我喜歡戶外活動，可是我怕高。今天去爬山，山路很陡，我很擔心掉進山谷裡，嚇得我一直尖叫！雖然我很害怕，但是我更愛玩，所以我就一邊尖叫一邊往上爬啦！幸好有大姑姑扶著我，讓我安心不少。」

哥哥也點點頭。

孩子不喜歡大人囉嗦，大人又何嘗喜歡說道理呢？

但身為父母，我學著在很多平常的事件裡，向孩子說我的期待。這期待不是母親的私心追求，而是希望孩子能感受到我的同理，能夠安心的釋放情緒。

「妹妹和哥哥都很勇敢。每個人都有害怕的時候，我們不要笑別人，也不要壓抑自己的感覺。像哥哥這樣，把擔心表現出來，找可靠的人幫助就很棒！」我說。

孩子的分享，讓我彷彿看到當時。星哥有懼高症，天生的敏感氣質，又讓他對未知的環境多了些防備；而星妹只要有熟識的大人可依靠，便什麼都不怕了。

了解氣質有天生這回事，除非孩子的表現過於異常，或是專業者提出了懷疑，不然，孩子本有長短處，有氣質上的差異，只要不是品德行為上的偏差，同理孩子就好！

孩子的幸福段落，常見轉折，須注意連接。這過程需要爸媽的支持、信任和陪伴，靜靜的看、輕輕的說，毋須過多的檢討。

媽媽可以 這樣做 mom

●告訴年幼的孩子，要跟媽媽分享快樂的、難過的、生氣的事。

有孩子的分享，媽媽才能了解孩子的困難，並協助孩子。

●用同理心，讓孩子感覺「媽媽的傾聽，是支持他的力量」。

研究發現，媽媽的情緒平穩，對孩子的情緒、智商和人格發展，都有正向的影響。媽媽不必壓抑情緒，只要讓孩子感受「無論何時，媽媽都在陪他，媽媽能了解他」，就已經是把「打開嘴巴説分享」的鑰匙交給孩子了。

●聽孩子說，幫孩子作整理，再完整的說出一個段落。

過程中，媽媽必須掌握孩子表達的重點，理解孩子的心情，善用連接詞、轉折詞使孩子的語意更完整。

例，孩子説：「我很生氣，誰叫他罵我！我一定要罵回去，他先罵我，我也要被處罰，真倒楣！我覺得不公平，也不知道怎麼會這樣？」

媽媽整理説：「我知道你很生氣，因為他平白無故罵你，所以你氣得只想罵回去，沒想到因為這樣，你也被老師處罰了。生氣是難免的，但是你想想，即使他罵你，只要你表現不在意，他也就自討無趣了，不是嗎？媽媽喜歡你的真性情，然而，媽媽也希望，你下次能學會保護自己。」

*藍色字是孩子的原意和媽媽的整理，橘色是孩子的困惑和媽媽的分析，綠色表示媽媽的支持和同理。

●不作呆板的練習，只為所愛的人說生活。

說一個段落的練習，不要有強迫的意味，也不要死板的句子。要讓孩子感受被愛，也因為愛家人而喜歡分享。利用親子共聚的時光說說生活，最容易讓孩子學會流暢的表達！

孩子的幸福段落，跟生活息息相關。作文是孩子的人格表現，是生活的呈現，是情感的表達，也是自己和他人的互動結果。在孩子想說的時候，媽媽用心聽，在孩子願意聽的時候，把握機會說給孩子聽。有些話現在不說，也許將來說了，感受也無法深刻了。

親子互動時間

對著心情窗戶 說一說

媽媽和孩子一同想想，
今天心情好不好呢？來説説心情吧！

例如，媽媽指著「驚喜」的窗説：「爸爸送我皮包，讓我好驚喜。」接著換孩子。

也可以進行家人的心情記錄，來個親子比一比，看誰的驚喜最多？誰最常生氣？

	驚喜	生氣	難過	歡樂	恐懼
日期	（媽媽　　　　　　　　的心情記錄）				
九月一日		大寶功課寫太慢啦！			
九月二日		二寶尿尿沒掀馬桶座啦！			
九月三日		爸爸的臭襪子亂丟啦！			
討論	是媽媽太愛生氣？還是家人都沒有體諒媽媽呢？				

	驚喜	生氣	難過	歡樂	恐懼
日期	（　　　　　　　　　的心情記錄）				
討論					

～發現生活中的主題～
口述作文只是遊戲

　　烤箱裡，孩子期待的乳酪蛋糕逐漸成形，距離完成的時間還有三十分鐘。但，是傍晚五點半了，孩子答應了奶奶要去奶奶家吃晚餐。

　　「媽媽走不開啊！」我看著高溫下的烤盤說。

　　「要怎麼辦？」星哥急問，奶奶已經打電話來催了。

　　「你們自己出門吧！」我心裡有一條線輕輕的抽動，隨著說出口的話，線倏地收緊了！

　　有人說，母親從孩子出生那刻起，就開始學習和「孩子分離」的課題！在不捨的心情中，擔心孩子不夠獨立，矛盾的心情，總讓心裡的線，不停的、複雜的拉扯。

　　「真的嗎？」星哥感到懷疑，臉上卻掩不住歡喜。

　　確定我說的是肯定句，星哥飛也似的拉妹妹出門。

　　走路到奶奶家，需要十分鐘，八百公尺的距離，有兩條路線可選擇。當我聽到孩子「砰」一聲關上家門，心頭的線又是猛一拉扯，猶豫幾秒後，我迅速把烤箱的定時開關轉「0」，拿起鑰匙，趿著拖鞋衝出家門。

　　騎著摩托車循著平常走的路線找，卻不見孩子的身影，我的心一涼，心想著：孩子走車多的那條路嗎？正想回頭往另一條路找，卻見兩個身影！

　　兩個孩子靠著馬路左邊，星哥讓妹妹走在內側，妹妹蹦蹦跳跳，好像牽她的是一個成熟的大人，她一點也不擔心。哥哥呢？他的腳步

洩漏了內心的雀躍，但他的右手掌舉起，防備著右邊車道錯身的車，緊張的踩著小碎步，緊張的牽著妹妹……

到了最後一個馬路，星哥依然沒發現我在跟蹤著，他確定沒有來車，把握時機帶妹妹衝過去，然後，他繃緊的肩膀瞬間放鬆了。他跟著妹妹開心的跑起步，直到衝進奶奶家。

那天晚上，我和星哥討論起這個過程，他說：

我鬆了一口氣啊！因為我知道不用再過馬路了，只要直直走就可以安全到達了，我覺得好像有一顆大石頭從我的心臟上面掉下來。

在路上的時候，我很害怕車子突然朝我和妹妹衝過來，還讓妹妹盡量往商店那邊靠進去，後來經過水果店，我很擔心妹妹把人家攤子上的水蜜桃撞倒，所以又要提醒她，我感覺壓力很大。

不過我一直很高興，這是我第一次沒有大人陪就出門了，還好有妹妹陪我，讓我覺得比較不怕，還有因為妹妹在旁邊，所以我一直提醒自己要把妹妹保護好。到奶奶家的時候，我很興奮，覺得自己真的做到了，感覺好棒。（這時候的星哥九歲，星妹五歲。）

是啊！真的很棒。我請星哥給這個很棒的回憶取個主題。

他想了想說：「自己帶妹妹出門。」但其實，是先有了這個主題，星哥才能口述經歷和感受。

自己出門買菜、第一次煎荷包蛋、替奶奶組裝小凳子……不同階段的孩子，有不同的生活挑戰，這些挑戰讓他們期待，也讓他們在意，媽媽不要小看這些過程，陪著孩子就地取材，用好玩的心情說回憶或想法，就是口述作文囉！

● 步驟1　給孩子獨立完成某件事的機會

媽媽的放手，是孩子學習的開始。→找主題

● 步驟2　教孩子掌握事件的主要意義

例如「自己帶妹妹出門」這件事，對星哥的意義是「證明自己的能力」。
→去經歷

● 步驟3　回想經歷時的衝突和困難

掌握「過程」的簡單步驟。→說出過程
①說時間，從自己的視角，寫事情的開始。
②說事情經過，為什麼要去做這件事？
③說事情後續，怎麼去進行這件事？
④回憶當時的心情。

● 步驟4　說結果

事情完成了嗎？有什麼收穫或想法？→掌握感受

　　孩子經歷過的事，有主題，就能延伸出內容。如果孩子說：「我不會說！」這時候有三種可能：

1. 孩子腦袋裡的辭彙量不足，沒有把握用精準的詞語表達想法。
2. 孩子不敢說或不習慣表達，因為怕說錯，擔心別人的想法，所以不願開口分享。
3. 孩子對主題沒興趣，就像大人遇到不了解的話題，也不想開口。

　　不論孩子的障礙是出於哪種原因，鼓勵孩子去經歷，並說說看，孩子的進步，總在媽媽的陪伴和堅持中發生。

～打開嘴巴學作文～
從聽書、看書，到「說書」

　　專家、老師、大家都說，期待孩子寫出有看頭的作文，一定要從閱讀開始。但是，媽媽卻發現，孩子明明翻了許多課外讀物，卻不會寫！

　　事實上，書看得多，不代表就會寫作文。

　　喜歡閱讀，就像媽媽喜歡煮菜、常逛市場、不時翻食譜一樣，對煮菜這件事，有了基本的概念和資源，但還必須觀摩他人，嘗試動手，才能將概念變成實際的能力，資源也才派得上用場。

　　想想看，如果一個人對料理的步驟，只存在想像中，我們能期待他端出什麼美味來呢？

　　所以，在孩子大量閱讀的過程，媽媽必須常常和孩子討論，協助孩子釐清閱讀的盲點，也引導孩子思考其中的關鍵，如此，孩子用眼睛讀到的知識，才有機會變成孩子的寫作資源。這過程，必須經過整理、必須有過思考、必須有生活的對話和激盪，這也是孩子在經歷閱讀之旅時，尋找寫作邏輯的過程。

●在孩子看完書後,闔上書本,問孩子以下問題:

1.「這本書寫些什麼呢?」
　　→訓練孩子掌握大意,引導孩子發現結構。

2.「你最喜歡哪個情節或片段?」
　　→引導孩子回憶並説關鍵,開啟孩子寫作動能的第一步。

3.「主角做了什麼事呢?如果是你,你會怎麼做?」
　　→啟動孩子的思考模式,用主觀的視角,同理作者的文字。

4.「這個故事,讓你想到生活中的什麼人或什麼事?」
　　→通過書本和生活的連結,建構孩子的寫作邏輯。

5.「你會不會想跟別人推薦這本書?」
　　→審視一本書傳遞給讀者的思想是否討喜。

★説,能慢慢的建立孩子的自信,也學習自主,擺脱被動接收的角色。媽媽必須拒絕孩子「很好看」、「沒什麼」、「不知道」、「都喜歡」這類的答案,如果孩子表現出敷衍,請讓孩子感受媽媽的耐心無限。

★堅定的告訴孩子,一本書必須讀到「有自己的想法」才算讀過。孩子若讀不出想法,媽媽陪他一起讀吧!

★孩子必須經歷「聽媽媽説」→「對話」→「思考」,才有辦法消化書裡的內容,然後→「內化成思想」→「和生活連結」→這思想就是「寫作的材料」。

～打開嘴巴學作文～
聽媽媽說，掌握精華說重點（玩縮寫）

　　有一天，我整理電腦裡的照片檔案，驚覺自己的視角很執著，孩子的每一個定格身影，都能讀取到我的愛。

　　會不會有一天，孩子也想捕捉我的背影？想著，我為孩子朗讀朱自清先生的〈背影〉（註），想聽聽孩子怎麼說。

　　孩子不懂的字詞，我直白的解釋後，那情境孩子感受了。星哥追問：「後來作者還有跟他的爸爸見面嗎？」

　　他期待像童話一般的圓滿結局——朱自清和他的爸爸很快團聚了。但，也在這份執著的追問中，他忽略作者用文字刻劃的畫面如何表現父愛。

　　星哥從小就愛發問，看表演、聽講解，他只抓一句關鍵、一個片段，便急著問不解，他不斷的問，而錯過後續，也就拼湊不出完整。

　　很多時候，孩子讀書沒有掌握重點，最後也無法流暢的表現思想。此外，明明充滿深意的文章，孩子卻唸一唸就算了！問題在於，孩子無法共鳴。

　　所以，讓孩子學著，聽他人從頭到尾完整的陳述，再練習說重點，專心的掌握精華，才有辦法將自己的感受和文章作連結。玩縮寫，是學習掌握重點的方法，掌握這方法，也才能在寫作時發揮出題旨。

註：《背影》繪本，朱自清，格林文化。

●陪孩子讀胡適先生的〈母親的教誨〉

步驟1　請孩子找出文章主旨→主要傳遞的思想或情感
星哥說：「媽媽的愛。」

步驟2　請孩子精簡→用四句話說出文章的重點
星哥的答案：媽媽要我改過。

　　　　　　媽媽打我不是不愛我。

　　　　　　媽媽既後悔又難過。

　　　　　　媽媽對我的影響很大。

步驟3　尋找每個段落的關鍵語句→表現主旨的語詞
星哥的答案：

第一段：她看我清醒了，便對我說昨天我做錯了什麼事。

第二段：我母親管束我最嚴。她是慈母兼任嚴父。

第三段：她氣得坐著發抖，也不許我上床睡。有一夜她把我叫醒，
　　　　真用舌頭舔我的病眼。

第四段：我都得感謝我的母親。

步驟4　讓孩子用自己的話重述文章內容，但不能抄原文。
　　　　→根據關鍵語句延伸

　　早上，媽媽把我叫醒，當我清醒，她就會告訴我，昨天我做錯
的事。

　　媽媽很慈祥，但也像一個嚴屬的爸爸，她從來不在別人的面前
打罵我，犯大錯的時候，她會在晚上教訓我，小錯的話，她會在早
上告訴我。

有一次我講了一句不禮貌的玩笑話，被媽媽罰跪一晚，我不停的哭，眼睛因此感染病菌，媽媽既後悔又擔心。後來，她聽說用舌頭可以舔去眼睛上面的病菌，有一天晚上，她真的這麼做了。

　　我在她身邊雖然只有九年，但是，如果我現在有任何優點，都要感謝我的媽媽。

＊依據胡適先生〈母親的教誨〉一文練習縮寫。

步驟5　讓孩子想想，換個題目可以嗎？孩子想到的題目又是什麼？
　　　　→從主旨和四句重點去發現
星哥的答案：〈媽媽的苦心〉。

idea
給媽媽的
小錦囊

★對幼小的孩子說話，常常問孩子：「媽媽剛才說什麼？」

★閱讀時，掌握重點，是把作者傳遞的文章思想接收了；寫作時，掌握重點，是依據題旨把思想表現出來。會收才會放，不要小看縮寫的功夫了。

★不要框限孩子的能力，文辭的難易度不是選書重點，只要孩子能懂故事的精神或情感，就是孩子適合的讀本，也就可以玩縮寫。

～打開嘴巴學作文～
能擴展才能豐富（玩擴寫）

母親節之前，星哥帶回作文的功課，題目是〈我的媽媽〉。

星哥說，老師教他們先寫「媽媽的長相」，再寫「媽媽的個性」，然後寫「媽媽的故事」。但，他不想這樣寫，可以嗎？

當然可以。寫作文，「有話想說」最重要。教孩子從長相開始寫，孩子很快就能掌握「寫人」的架構。對一些不知該寫什麼的孩子來說，這是個好方法。

但，不是每個孩子都必須依照這方法。

以星哥為例，他是一個有話想說的孩子。他想說的話太多，也急著說，卻沒有成熟到可以把話都說清楚，這時候，媽媽要做的是，引導他組織內在的想法，將情感具體化，除了完整說出想說的話，透過寫作當下的釐清，我們也將看見孩子對於回憶的感動。

當孩子對作文感到障礙時，經常是不知道該怎麼寫！只要孩子把握想法，就能針對主題玩擴寫，也就可以擺脫「不會寫」的魔咒了。

孩子不會寫作，是把寫作這件事想得太複雜啦！

●教孩子用一張舊照片學擴寫

【突破障礙的妙方】看照片，找差異、觀察事件、說感覺、下結語。

適用於中年級寫「人物」或「回憶」相關的題目，例如：〈我的妹妹〉、〈最想念的一個人〉、〈難忘的一件事〉、〈小時候〉等。

1.拿一張舊照片。照片中的人是孩子認識的，問問孩子：「這是誰的照片？」
2.例如，孩子回答：是奶奶的照片。→從這句話開始擴寫。
3.再問孩子：
　照片裡的奶奶和現在有什麼不一樣？（髮型、身材、神情）→找差異
　照片裡的人在做什麼事？（看風景、吃飯、日光浴）→觀察事件
　照片裡的人讓你感到怎麼樣？（很專心、很開心）→說感覺
　你喜歡這時候（照片裡）的奶奶嗎？為什麼？→下結語
4.陪孩子組織句子——

　　　那時候，奶奶很年輕，她的皮膚很白。他抱著小時候的我，很開心的樣子，山上的風景很自然，奶奶感覺特別輕鬆，我喜歡照片裡年輕的奶奶，也覺得自己小時候很可愛。

●陪孩子觀察人物玩擴寫

【突破障礙的妙方】在生活中進行遊戲。兩人輪流，將句子延伸說得更完整→主角＋表情＋穿著＋動作＋事件＋事件的變化……。

1.帶孩子到公園或速食店，問孩子注意到哪個人？為什麼特別注意這個人？
2.句子從一個人，一個人的精神態度，一個人的穿著或動作，一個人正進行的事，到這件事的變化……逐漸加長，也可以再延伸，加入「時間」、「地點」、「我覺得」……，內容必須符合現實的狀況。
　例如：

一個小孩。→

一個調皮的小孩。→

一個調皮的小孩穿著吊帶褲，左手拿著手機。→

一個調皮的小孩穿著吊帶褲，左手拿著手機，右手拍打櫥窗。

3.中高年級的孩子，可以挑戰一次說出完整的擴寫。

例如，妹妹睡著了。

　　　有一天，妹妹坐在腳踏車前面的幼兒椅墊上，頭慢慢的往下垂，唉！妹妹像一個裝著電池的娃娃，只要今天的電量用完，就會進入休眠模式。妹妹倒頭就睡的功夫真厲害啊！

●教孩子看題目說想法，玩擴寫

【突破障礙的妙方】先說出四個想法，再延伸出事件帶來的情緒和感受→驚喜、憤怒、哀傷、歡樂、擔心、害怕、期待。

以〈學騎腳車〉這個題目為例——

1.請孩子根據題目，說四句想法。孩子可能會說：「很好玩，去兜風，怕跌倒，學會了很高興。」

2.接著，請孩子說得長一點：「騎腳踏車很好玩。我看別人騎腳踏車去兜風，我很羨慕。但是我怕跌倒，所以練習了很久。我想，如果我學會了，我一定會很高興。」

3.將「事件」說得更完整。加上「時間」、「人物」、「地點」、「想法」，和「情緒」。

　　　在我很小的時候，我就覺得，騎腳踏車一定很好玩。

　　　每次，看別人騎腳踏車去兜風，我都只能羨慕。有一天，我請爸爸教我騎車，一開始，爸爸幫我扶車讓我保持平衡，我尖叫著要爸爸不能放手，就這樣經過了很多次，我依然掌握不到技巧，心裡感到很氣餒。

　　　後來，爸爸要我自己試試看，但是我怕跌倒，一直不敢把兩隻腳都放在踏板上。每次練習，我都小心翼翼，好像學飛的小鳥，期待飛上高空，又怕跌到地面摔痛了。

　　　我知道等我學了一定會很高興，所以，我經常練習，終於在妹妹四歲的時候，我和妹妹同時學會了騎車。雖然我花了比別人長的時間才學會，但我終於可以感受到騎車的好玩了，我好開心。（星哥擴寫）

●教孩子看題目聯想事件，玩擴寫

【突破障礙的妙方】用視覺、聽覺、味覺、觸覺、嗅覺等五感去發現事件的好玩之處。

以「星期天」為例——

1. 請孩子針對這個主題想：想做什麼事？會發生什麼事？會看到什麼事？結果有什麼收穫？

  例如，孩子說：「我想去海邊玩，我可以玩水，可以看到很多人，我會很開心。」

2. 這四句話就是一篇文章的重點，請孩子寫出經驗，並用「五感」延伸出想法，練習擴寫。

  例如：

  星期天，我想去海邊玩。

  到海邊，我可以玩水。踩在沙灘上，海浪湧過來又退去，感覺沙粒在腳底下塌陷，腳底癢癢的，好像海水在跟我玩遊戲，我也會跑給海浪追，每次總是玩得全身溼透。

  海邊有很多小朋友在堆沙，讓我想起小時候，堆起沙堡、挖著沙坑，在這裡待上一天都不會無聊。我還看到許多人玩著浮板，海浪一來，有人跟著浮板翻飛起來，有人跟著浮板傾斜跌進海裡，有人感受成就，有人感覺刺激，而我光看著就覺得好玩了。

  星期天到海邊玩，我會很開心，聞著海風鹹鹹的味道，踩著海水玩搔癢的遊戲，心情好輕鬆啊！（星哥擴寫）

idea 給媽媽的 小錦囊

★媽媽陪孩子自學作文，必須引導孩子寫出真誠的想法。當孩子有話想說，並且非說不可，寫作對他來說就是好玩的事。

★成功的擴寫必須掌握主旨，有一貫的中心思想。啟動擴寫能力之前，先讓孩子在生活中專注的看和勇敢的說，在寫作時，才有足夠的經驗當題材，也才能用這些題材表現出中心思想。

1.請孩子想一想，上面的圖片，代表什麼主題？

🐻 A上學途中　　🐻 B兒童樂園遊記　　🐻 C瘋狂的派對

2.作者就是圖片中的主角，他已經依據主題擴寫出四句重點，
　請幫他勾選一下吧。◆ 請在 🐻 打勾。

🐻　我聽到瘋狂的尖叫聲。

🐻　我無法挑戰驚險的設施。

🐻　我感到頭暈目眩，卻忍不住大笑出來。

🐻　我幾乎都在室內遊戲區玩。

🐻　有一股離心力，好像要把我拋出去，我緊握著繩索。

🐻　沙坑區有很多小朋友，我也喜歡玩沙。

🐻　我喜歡刺激、冒險的遊戲。

🐻　二樓的餐廳有很多店，我買了水餃當午餐。

3.從四句重點來看，這篇文章的主旨是下面哪一個？

🐻　在兒童樂園玩一天，但只喜歡靜態的遊戲。

🐻　兒童樂園的刺激設施很好玩。

🐻　新兒童樂園和舊兒童樂園都好玩，但有不同。

親子互動時間

找擴寫答案
決定中心思想

51

看單張圖玩洞察

體感溫度破四十！時鐘指著十二點，中午。

我滿頭大汗，將孩子叫到餐桌邊，說：「來，看看這條魚，跟媽媽說你們看到什麼？說一句話就好。」

星哥說：「這條魚很肥！」

咦？我看不出這條魚哪裡稱得上肥耶？

星妹指著快斷掉的尾巴說：「它的尾巴是彩色的。」

「吃起來會有酥酥的口感。」星哥說。

「它的眼睛會很好吃，但是眼睛這裡空空的耶？」妹妹說。

這時，星爸開門進來，聽到孩子的發表，他看一眼桌上的魚，說：

「煎魚的人很辛苦。」

這答案不需要觀察就知道啦！我宣布吃飯，至於那條魚……

故事還沒完呢！

我將魚拍照，等孩子吃飽後，繼續討論。

星哥說：「媽媽煎一條魚，很好吃，爸爸吃了幾口，我們一轉頭，貓把魚咬走了。爸爸說可惜，媽媽還在想那條魚有什麼故事。」

妹妹說：「魚眼睛很好吃，可是媽媽說煎魚的時候魚眼睛就不見了，我想吃另一邊的眼睛，爸爸把魚翻過去，另外一邊的眼睛也不見了。」

我說：「這尾魚，它的頭斷了、皮脫了、眼睛掉了，我知道，我煎魚的技術始終沒進步！這條魚好像在安慰我說，沒關係，好吃就好，長相不重要。我的家人也太包容我了，魚被我煎得七零八落，他們依舊只看它的美味。」

最後，星哥訂的題目是：〈一條煎魚的故事〉，星妹是：〈好吃的魚眼睛不見了〉，而我是：〈乾煎馬頭魚的啟示〉。

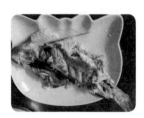

●教學齡前的孩子，看單張圖玩觀察

從簡單的生活景象或照片開始，讓孩子用具體的詞句表達。

▲讓孩子練習觀察照片，說說看。

★觀察外觀
説説圖中的主角給人什麼感覺。
例：很期待……

★觀察動作
説説圖中的主角在做什麼？
例：他要去找朋友……

★觀察背景
説説圖中的景物傳遞的訊息（時間、場合、情況）。
例：好像有危險……

●教國小的孩子，看單張圖玩觀察

從孩子關注的點，進行聯想。

①觀察，第一眼看到什麼？
因為這關注點，這張圖有了生命和任務，請孩子想一想：他（牠、它）代表什麼？

②觀察，第二個關注的是什麼？
找出它和①的關聯。

③從①和②的關聯，發展情節
這張圖片，傳遞了什麼意思？

④觀察＋聯想
注意背景和主角特色，或跟經驗連結進行猜測。
觀察下圖，請孩子想一想：
→說關係，說說看，圖中的主要角色和其他角色有什麼關係？
→學延伸，在有限的圖像中，延伸出可能的發展，讓故事更完整。

▲圖中主角為「新北市板橋區公立動物之家」收容犬小乖。

小提醒

有些圖像看起來沒什麼故事，但只要有想像力，就能說出許多精彩。當主角是動、植物時，用擬人法表現出主角的想法，當主角是一般人，也可以從背景延伸想像，或表現人物的內心戲。注意小細節，並加以延伸，就可以看到別人看不到的發展。

idea 給媽媽的 小錦囊

★陪孩子自學作文，應該從生活著手。看圖說話，也要讓孩子感覺自然，引導孩子化身為主角，細膩的感受，才能豐富眼底的故事。

★針對孩子忽略的細節不要苛責，也不要以大人的眼光框架孩子。每一幅圖都有其原貌，但觀察的角度不同，圖意也會有明顯差異，鼓勵孩子用自己看到的線索，想像出跟別人不一樣的故事。

看多張圖玩組織

孩子天生對圖像特別有想法。當我們為幼兒讀故事時，孩子常指著書上的圖畫打斷故事，他們在意圖片有沒有表現故事的發展。

經歷生活中的新奇片段，小寶貝在生活中看到的，也就是一幅又一幅的圖像。這些生活片段，剛好可以讓孩子練習觀察。

媽媽引導孩子將觀察到的人物、事件貫串成一個劇情，對喜歡講話的孩子來說，就是好玩的遊戲，他可以說出心裡的嘰嘰喳喳，說出他的情感和想法，說著說著，不用到中高年級，孩子定能說出組織。

看圖學說話，對學齡前的孩子來說，是觀察力的啟發。

看圖說故事，能訓練低年級孩子的觀察力和想像力。

看圖寫作，能讓中高年級的孩子進行思想激盪，也從中學條理和深化的功夫。

學作文，配合圖像是必要的！

媽媽可以這樣做 mom

在多張圖中，先進行單張圖的觀察。

●學齡前，教孩子用聯想，
找故事的主題，也建構想法。

從簡單的生活景象或照片開始，
讓孩子用具體的詞句表達。

★從「主角」聯想。
★從「事件」聯想。
★從孩子的「興趣點」聯想。
★從「有什麼可能」去聯想。

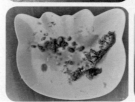

例：看前一頁的四張圖，請孩子想想。

→四張圖的順序是怎樣的？

→用聯想，找故事的主題。

→假設孩子以「主角：貓」進行聯想，就可以用擬人法，以「貓」的視角說故事。

→孩子自問自答：主題可以是什麼？桌上有一條魚、貓站在桌邊盯著魚看，貓在想什麼？他的眼神像不像緊張的小偷？

●國小低年級，教孩子用觀察，找出故事的線索，也說發展。

★找到開始，指出圖片裡的主角、地點、事件、時間。

★注意主角的表情、動作，從圖片提供的訊息可以聯想到：主、配角的個性、關係或對話等。

★讓劇情生動的祕訣，加入自己的經驗，設身處地發聲，也要注意邏輯和合理性。

★找出自己的思路，故事的發展就在想像力裡。

例：看前一頁的四張圖練習。

→先決定敘事人稱：

①以「我」的視角，假設孩子就是這隻貓。

②以「我」敘事，孩子是在圖片外的一個人，他跟貓的互動影響了這個故事。

③以「牠」敘事，孩子是說故事的人，說一隻貓的故事。

→孩子的選擇是①或②？還是③？

→問問孩子：貓的表情或動作代表什麼？發生了什麼事？從哪裡看出事件？貓可能聽到什麼聲音而做出什麼動作？

●中高年級，教孩子針對圖片之間的關係與變化，學習組織。

★用眼睛快速掃描幾幅圖，說出主題。有了主題，大膽的啟動自己的想像。

★圖中的背景和自己的生活經驗有何關聯，從了解的去發展最快。

★找細節，上下圖存在的差異。→注意圖片的變化。

★善用連接和轉折詞。看前一頁的四張圖，請孩子練習說一個完整的
  故事，如果孩子掌握不到重點，就用問題引導他去發現，例如：
  →貓瞇著眼睛在想什麼？
  →魚盤空了代表什麼？
  →貓張嘴是在說什麼？
  →他的情緒如何(擬人法)？
  →最後，請孩子從頭說故事。

idea
給媽媽的
小錦囊

孩子不會看圖說話，問題可能在於：

①自我框限，只敢說大家都看得到的東西，不敢表現獨特。
  解決辦法：陪孩子看，鼓勵孩子說，讓孩子知道：不需要標準答案。

②不知道重點在哪？不會觀察，或看到的都是表象。
  解決辦法：
  →先從主角觀察，問孩子：主角的特色或動作讓他聯想到什麼？
  →對孩子提問，引導孩子發現。

③不會聯想和延伸！
  解決辦法：從孩子的生活經驗聯想起。
  →這樣的情境讓他想到什麼經驗？
  →如果他是主角會如何表現？

④觀察不夠細膩，圖和圖之間欠缺適當的轉折。
  解決辦法：
  →每一張圖說出一句重點，例如：什麼人做什麼事。使用然後、沒想到、
    接著……等連接、轉折詞把重點串聯起來。

妳說難過
難過將離開有媽媽有妳的每天分秒作伴
妳說會永遠記得我現在

寶貝
我的寶貝
回憶和媽媽都在陪妳
以前、現在、直到很久的以後
我依然記得小小的　現在的妳
喜歡更喜歡之後　是很愛很愛妳
媽媽愛妳
妳是我永遠的寶貝

●陪小小孩說詩

★孩子心裡的「話」，天真、可愛又動人，就是詩。
★從疑問句開始，孩子心中的疑問，往往就是詩的源頭。
★為孩子寫一首詩，有媽媽的愛，就是孩子最想珍藏的詩。

　　　　孩子不必寫討好的話，只是說出純真、想像和愛，便是好。媽媽也可以試著，為孩子寫出愛。

親子互動時間

為你寫詩

說明：請依照指示，在熱氣球裡畫出答案，再說說看。

唸出
完整的詩。

4.先畫再說

3.先畫再說

第四關

想對他說什麼？例：

媽媽說，淚水很珍貴。

或，說說答案，例：

原來，是雲朵哭了。

2.先畫再說

第三關

希望他怎麼做？例：

別哭！別哭！

或，說說發現，例：

天空黑黑臉！

1.先畫再說

第二關

用感官去說出它的表現。
例：

淅瀝！嘩啦！
眼淚像細針，
刺痛我的皮膚。

寶貝要寫詩
給誰？
請畫在
箭頭裡→

第一關

把他（它）特別的地方變
成一個疑問。例：

雨來了，
是誰掉了眼淚？

開始

小提醒：詩句是有想像
的，精簡的一句一行。

寫詩，需要練習，也需要天分。如果，孩子不喜歡讀詩，也沒興趣寫詩，媽媽要期待孩子「為寫詩而學寫詩」嗎？學會寫詩很重要嗎？孩子終究不會寫詩，怎麼辦？

啟發孩子的想像能力，讓孩子表現真摯的情感，是媽媽陪伴孩子學習的目標。如果，為了寫出一首童詩，而讓孩子有了不好的情緒，那麼就別寫啦！讓孩子玩玩想像力的遊戲，也是學習作文呢！

親子互動時間

想像出詩的線索

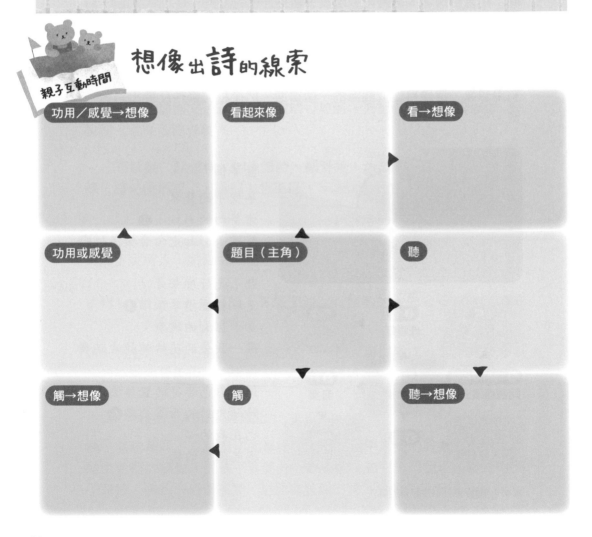

功用／感覺→想像	看起來像	看→想像
功用或感覺	題目（主角）	聽
觸→想像	觸	聽→想像

想像無所不在

說明：看看左邊的圖，請孩子循著路線，用說的逐一加入想像調味料，最後到達獨一無二的想像魔法世界。

出發

想像調味1：這是在做什麼事？

想像調味2：做這件事的主角是一種動物，他是迷糊豬、臭屁貓，還是誰？

想像調味3：即將發生一件不尋常的事，可能是「圖中工具縮小」、「圖中主角不斷變大」，或什麼事？

想像調味4：這件不尋常的事，會帶來什麼發展？

想像調味5：最後這件事怎麼結束？

畫出獨一無二的魔法世界

PART 3
作文應用，
從「行動」開始

如果，換成媽媽當學生，你會想坐在教室，聽不感興趣的課程嗎？你會對老師規定的作文功課感到期待，並且開心的用手寫數百字的文章嗎？

用這樣的角度去思考，我們就能理解：孩子並非討厭上課，是不愛呆板的學習！孩子不是討厭作文，但「寫很多字」這件事真的不好玩！

給孩子選擇權，給孩子自主的機會，讓孩子展現行動學著思考與觀察，然後孩子會開心的感受到，吃喝玩樂的過程都能發現寫作的題材，從此，讀生活、記錄心情，孩子只要付出行動就能找到樂趣，這些樂趣會變成想說的話，寫作文就不再是件苦差事了。

媽媽陪孩子學寫作，牽起孩子的手，用行動帶領孩子用觀察的眼睛、用老饕的味蕾、用愛玩耍的心，一同發現作文的好玩，孩子自會有寫不完的靈感，有說不完的故事，也有了獨特的行文方式。

～走訪巷弄吃吃喝喝～
樂當分享家，學「記錄」

在三芝的景觀餐廳。我和孩子慢條斯理的品味餐點，也分享品嘗心得，星爸卻匆匆把咖啡乾杯，把餐點解決，拍拍屁股開車去了！

等我坐上車，立刻跟駕駛人抗議。

美食讓我們期待，讓我們豐富了閒暇之時，也讓我們紓解了壓力，這一切的過程總要慢慢來。如果，總是匆忙吃過，實在可惜！

星爸說：「慢慢吃和快快吃一樣，吃進肚子裡就對啦。」

慢慢吃才是用心品嘗，然後才有辦法細心記錄！每到一個景點，我總上網查詢當地的美食，多虧那些走過留下記錄的饕客，將自己的食記分享給網友。

「下次，我自願吃路邊攤，吃飽就對了，省事又有效率，可以趕快到下一個景點去玩。」星爸笑說。

不，就算是路邊攤也有值得記錄的細節。

孩子總在大人的對話中，明白了哪些事應該堅持。星哥喜歡吃，星妹更是吃貨。在吃喝玩樂的過程，我們度過許多幸福時光，教孩子記錄品嘗的滋味，不僅學會分享，也為生活留下回味。

學習寫食記，引導吃貨小孩將美食感受用文字具體，孩子熱衷於分享，也學著寫作喔！

媽媽可以這樣做 mom

● 「做球給孩子接」，用聊天的方式問孩子：

1. 這家店位於哪裡？
   → 孩子不清楚，就由媽媽告訴他。
2. 這家店，除了食物，還有什麼吸引你？
   → 看看老闆的態度，觀察店裡的擺設，想想店名是否有特別的意思。
3. 問問老闆推薦什麼菜？
   → 如果孩子不敢，媽媽先做給孩子看，有一天孩子也能大膽開口。
4. 問問孩子想吃什麼？
   → 給孩子看菜單，讓他能融入。
5. 是否會跟別人推薦這家店？
   → 認真的說出喜歡，或不喜歡。
6. 整體來說，給這家店幾顆星？
   → ★★★ 感覺好極了，一定再度光臨。
      ★★☆ 實在普通，沒特色，但可能會再來。
      ★☆☆ 有點糟，不可能再次消費。
   → 說給幾星的原因？

● 如果孩子樂意，再請他記錄在紙上：
參考以下的「美食記錄單」，也可以親子自創記錄單。

idea 給媽媽的小錦囊

★美食記錄不是功課，不要讓孩子感到負擔。用聊天的方式，引導孩子記錄。
  曾有一則新聞值得媽媽們警惕：一位求好心切的母親，連出外旅遊都要求
  孩子寫心得報告，最後孩子崩潰了。
  媽媽陪孩子自學作文，期待潛移默化，讓孩子習慣思考，樂於分享。若孩
  子感受不愉快、不樂意，請媽媽暫停，不要讓孩子感覺受強迫！

★不只是食記，凡是孩子喜歡的活動，媽媽都可以陪著孩子進行記錄。
  記錄不拘限在紙上，可以是活潑的口語表達，可以是自由的行動展現。最
  終目的，都是期待孩子成為感受力強，能夠主動記錄精彩的人。

★在吃吃喝喝的過程，孩子敏銳了味蕾，細膩了觀察，記錄之後，一篇文章
  就在孩子心裡了。

 # 我的美食記錄單

◆ 請在 ☺ 打勾，☆ 內塗滿。

店名：_____

地點

☺ 大馬路旁　☺ 夜市裡　☺ 小巷裡　☺ 美食街

☺ 其他 _____

◆ 小提醒：記得，拍一張表現店家的照片。 OK ☺

店的類型

☺ 傳統小吃攤　☺ 中式餐廳　☺ 親子餐廳　☺ 景觀餐廳

☺ 異國料理風，請圈選（越南　泰式　日式　美式　韓式）

☺ 其他 _____

◆ 小提醒：找出最吸睛的擺設，記得拍張照片喔！OK ☺

看看菜單

☺ 菜單豐富，想吃的太多！

☺ 看菜單就失望了，不知道要吃什麼！

◆ 小提醒：菜單拍照了嗎？OK ☺

問問老闆的推薦：_____

今天點了什麼菜：_____

_____

◆ 小提醒：上菜後，記得拍照唷！OK ☺

一定要介紹的一道菜：_____

吃過以後，給個評分吧！

色 ☆☆☆☆☆
香 ☆☆☆☆☆
味 ☆☆☆☆☆

評分參考

五顆星：美味到極點，想天天吃。
四顆星：不錯吃，列入口袋名單。
三顆星：感覺普通，不難吃就是了。
兩顆星：實在不特別，不想再光臨。
一顆星：感覺糟，難吃啊！

用兩句話形容這道菜

1.放進嘴裡的滋味

_____

_____

2.它的特別之處

_____

_____

整體評分

整潔度（店面） ☆☆☆☆☆
服務態度（人員）☆☆☆☆☆
菜色美味度 ☆☆☆☆☆
再次光臨度 ☆☆☆☆☆
整體給分 ☆☆☆☆☆

評分參考

五顆星：毫無缺點。
四顆星：不錯，但有小缺點。
三顆星：感覺普通，不特別。
兩顆星：讓人不太滿意。
一顆星：感覺很糟。

推薦這家店嗎？

◯ 推（YES）　◯ 噓（NO）

～打開感官學形容～
樂當吃貨，摹寫出美味

夏日的傍晚，我和星哥、星妹溜出家門，來到一家餐廳門外。

營業時間未到，櫥窗裡的吊燈透亮，店裡深處傳來杯盤輕撞聲，我能感覺，孩子的心在飛，為即將發生的一切。

大人追求口福，孩子為吃著迷，一道美食讓人忘了煩、解了憂，也帶來了親子共處的幸福時光。若是，孩子走過、玩過、吃過，事後卻對美好時光說不出所以然，或，玩得盡興、吃得滿足，過後只能用「很好玩、很好吃」形容一切，未免可惜。

因此，趁著孩子滿是期待，在進入餐廳之前，我告訴星哥，媽媽希望他吃過美味也能留下回味，並透過記錄找到寫分享文的線索。

滿足口腹，是享受的事，也是文化的一部分，孩子若能進一步投入，也會有更多支持他寫作的動力和能力。

蛋包飯

豚骨拉麵

鮭魚蓋飯

●教孩子寫「好吃」的小訣竅

視覺摹寫：最直接影響食慾的是「食物的外觀」。但，如何寫出引人口
　　　　　慾的畫面呢？

★給孩子相機，讓他拍出誘人食慾的視角。
★從食材色澤、調理後的亮度、擺盤的呈現去形容，便讀者獲得聯想。
　例：不同主食，使用不同形狀、花色的餐盤，呈現出什麼效果？

嗅覺摹寫：氣味是最神祕的誘惑。但，如何細膩的寫出味道呢？

★了解孩子的味覺喜好，從孩子喜歡的進行摹寫。例如：
　現烤蛋糕→（甜蜜的奶香）
　現榨檸檬→（清新的酸香）
　爆炒蒜頭→（濃烈的蒜味）
　四川麻辣炒肉→（嗆鼻的辛味）
★進行「聞味道猜食物」的遊戲，讓孩子在專注的嗅聞中，想想哪些形
　容詞可以派上用場。

味覺摹寫：一道食物，最重要的是口感，一篇食記，最重要的也是味覺
　　　　　的描述。動嘴巴也動腦，就能找到貼切的形容，例如：

酸→微酸、酸甜、酸溜溜
甜→微甜、甘甜、甜蜜、鮮甜、甜而不膩、香甜滑潤
苦→微苦、苦澀、苦中帶微甘
辣→微辣、小辣、香辣、辛辣、酸辣、麻辣
軟→Q軟、軟嫩、入口即化、鬆軟綿密
脆→清脆、酥脆、又香又脆
其他→濃郁、黏稠、冰涼、清涼、溫醇順口、彈牙有嚼勁

聽覺摹寫：聽聽食物在嘴裡的聲音，也能寫下更鮮明的滋味。

★在舌尖味蕾上，尋找孩子的靈感，也找到了孩子的自信和體貼，不追求精緻、誘人的分享文，只希望親子一同品嘗，也一起將平凡日常好好調味。

★陶盤、磁壺、煎鍋，甘蜜、酸甜、滑順，從孩子關注的物品引入，從孩子喜歡的口味介紹，都是將記錄組織成文的鑰匙。

★形容詞不用死記。想想看，買手搖杯時，店員會問：「幾分甜？」微糖、少糖、半糖、七分甜，記住這個辦法，就能寫出形容囉！也就是，在味覺形容詞前面，加上表示等級的字（副詞），例如：

味覺形容詞	酸	冰	辣	苦
加上表示等級的副詞	嗆酸	極冰	特辣	略苦

★如何讓愛吃的孩子也能回饋一篇食記？有媽媽的鼓勵，孩子就能開啟主動模式。

親子互動時間 說說美味在哪裡

掀開盤蓋，「ㄗㄗ」聲從密室裡逃竄出來噴濺著歡喜，熱油舞跳，白煙衝升。隔著餐巾，肉香熱情的撲來，我看著鐵盤上的美味垂涎……金黃澄亮的肉片占去鐵盤的大半空間，嫩白與鮮黃搭配圓滿的荷包蛋點綴在旁，肉香濃郁，配醬香甜，我迫不及待的切下厚實的肉送進嘴裡，哇！美味！外層香酥、肉質鮮嫩，瞬間，舌齒被安撫了，口腹之慾被滿足著，一顆心也被幸福的滋味填滿了。

●請媽媽陪著孩子找一找，上面的短文，有哪些文句「藏著美味」

用眼睛發現的美味有……

用鼻子發現的美味有……

用耳朵發現的美味有……

用嘴巴發現的美味有……

●猜猜看，這道美食的名稱是——

A 鐵板醬燒牛柳　B 豪華海鮮蓋飯　C 鐵板黃金豬排　D 香辣地獄拉麵

美味形容填一填

說明：請把適當的形容詞填入以下的（　）中。

① 酥脆　② 酸酸甜甜　③ 清甜不膩　④ 微酸微辣

⑤ 冰涼順口　⑥ 軟嫩　⑦ 金黃油亮

冰淇淋

夏天，我最愛吃冰淇淋了。（　　　　）的香草口味，入口即化，那（　　　　　）的滋味，實在消暑啊！

酸辣湯

勾芡的湯汁裡，有肉絲、胡蘿蔔絲和蛋花，喝起來（　　　　），是我最愛的滋味。

菜色B

菜色C

菜色A

臭豆腐

臭豆腐實在臭，我卻無法抗拒誘惑！看，那被炸得（　　　）的每一塊，搭配著（　　　）的台式泡菜，咬下一口就會嘗到（　　　）的外皮包裹著（　　　）的內層，簡直是人間美味啊！

～挖掘食譜裡的祕密～
樂當饕客，細膩寫滋味

　　有一天，星哥寫了幾頁的菜單。有爸爸愛吃的烤鴨、媽媽愛吃的三明治、自己愛吃的咖哩飯，和妹妹愛吃的水果沙拉……滿滿的菜單，他說看了就滿足。

　　每當外食，星哥一定要看菜單，挑選他喜歡的餐點。在美食經驗裡，孩子乍見驚喜，有過失望，學會咀嚼平常，從味道至口感，從擺設到店名，他學著觀察，也學著評論。

　　「1938，跟年代有關嗎？」有次，星哥指著店名說出困惑。

　　「剛好是爺爺出生那年。」我說。

　　「如果賣烤番薯或是古早味，好像比較適合。」他看看菜單說。

　　但，這家店賣西式排餐，也賣泰式炒飯、中式水餃，裝潢是簡約工業風，音響播放出古箏旋律，我想星哥要說的是：感覺太違和了。

　　所有的不協調，讓我預感到，這家店早晚會關門大吉。果然，一個多月後，我們再路過，讓人不解的招牌「1938」仍高掛，店門上卻張貼著「頂讓」的紅單。

　　一家店的店名，讓人看不出葫蘆裡賣什麼，除非另有吸引人之處，否則注定失敗！一道菜，也必須名符其實。一篇文章、一則故事，有一個吸睛的題目，內容扣緊主題發揮，是吸引讀者的最基本條件。

　　站在媽媽的立場，或許覺得審題、擬題不容易啊！其實，審題的任務人人會。

　　一家店，菜單寫得亂七八糟，食材調配毫無準則，店名和陳設毫無特色，都會讓我們搖頭給負評。由此去理解，教孩子審題和擬題，便不難了。

●聊食譜，學審題

1. 邀請孩子一起聊食譜，用美食激發孩子的動力。
2. 請孩子説説他記憶中的菜名。

    例如，媽媽的拿手菜、學校的營養午餐。如果説不出來，就請孩子當個小記者，採訪親近的家人，問問家人喜歡吃什麼？至少十道菜。
3. 和孩子討論菜名。

    請孩子説説，每道菜名的主角（食材）為何。

    例如：「宮保雞丁」，主角是：雞→主角就是題眼，是一個主題的靈魂。
4. 和孩子討論，主角出現的形式為何？

    例如：宮保雞丁中的「雞」，必須切丁。→一個作文題目裡會有「題眼」和「範圍」，範圍就是菜名裡的形式。舉例來説：滑蛋蝦仁，主角是「蝦仁」，蝦仁必須以「滑蛋」的形式出場。

●細膩寫滋味

1. 找出一道料理的主角和配角。
2. 説出主、配角最特殊的口感或滋味。
3. 先描述主角特色，再用配角襯托主角，寫出一道菜的美味。

    例如：

主角 → 去殼的蝦（油炸）
    → 香脆、鮮甜

配角❶ → 罐頭鳳梨切片
    → 酸酸又甜甜

配角❷ → 美乃滋
    → 香滑順口

鳳梨蝦球

這樣寫：油炸後的蝦球外層香脆，咬下一口，緊實的口感讓人驚喜，加上酸酸甜甜的鳳梨片、香滑順口的美乃滋，更襯出了蝦球的鮮美！

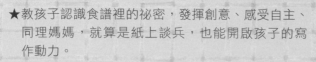

★教孩子認識食譜裡的祕密，發揮創意、感受自主、同理媽媽，就算是紙上談兵，也能開啟孩子的寫作動力。

★人人喜歡美食，但美食誘惑我們的不只是鮮味，人們期待的也不全是獨吞。掌握了食譜裡的祕密，孩子也就能在日後，不經意的發現：味蕾能啟動回憶，有一種味道總能挑起他最深層的感動。

南瓜	薑絲	奶油	蛤蠣	香油	洋蔥
★	★	★	★	★	★

美食PK

說明：先將上方的食材連到下方湯名上（連一連），
再依形容評出勝選（圈一圈）。

形容＼湯名	蛤蠣湯	南瓜濃湯
清爽解膩	勝	勝
香甜順口	勝	勝
天然海味	勝	勝
鮮甜甘美	勝	勝
金燦濃郁	勝	勝
清甜奶香	勝	勝
你喜歡哪道湯品？說一個形容吧。	勝	勝
總分		

～學採訪，很簡單～
樂當好奇寶寶，聊天去

記者需要採訪，作家的工作也要採訪。

作家黃春明先生曾提過，他很喜歡跟人聊天，年輕的時候，他坐火車，看到一個乞丐，他就坐到乞丐身旁和乞丐聊天，後來，這段聊天的內容被他寫進小說，塑造出一個「圓形的小說人物」（註）。所以，黃春明先生說，要讓筆下的人物活起來，不只要描寫出人物的外貌，還要針對人物的職業、個性，表現出他的真實樣子，也就是表現出他應該有的語氣、動作或神情。

可見，教孩子寫作，不必呆板的坐在室內。

孩子喜歡說話，對許多事都充滿好奇。有媽媽在旁提供保護的情況下，我們可以教孩子，判斷哪一種情況下，他能夠跟一個不認識的人聊天，或請求一個不熟的人接受他的訪問。

聊天的目的是增加了解，有了解才能生動筆下的內容，讓孩子寫人、記事，不再空想，進而生動。

註：小說創作中，形象立體、個性貼近現實的主要角色。

●隨機的人物採訪

★選自己好奇的人，先觀察再聊天。

　→在媽媽能確保孩子安全的情況下，才隨機訪問。

★想一個自然的開場白。

　→例如：說天氣、問路、和對方共有的特點。

★提出好奇。

　→例如：要去哪裡？要做什麼？為什麼要這樣做？會遇到什麼困難嗎？

●有目標的採訪人物

先擬訂訪問的題目（以受訪者的專業去設定題目，最為保險），例：
★這份職業（這件事）的特殊性是什麼？
★挑戰是什麼呢？
★感到成就的是什麼？
★有沒有小故事可以分享？
★對這份工作（這件事）的期許是什麼？

【採訪主題】
主播進教室，小小記者來採訪。

星哥的採訪題目：

1. 主播、記者和老師的身分，您比較喜歡哪一種？為什麼？

▲星哥採訪八大電視台主播馬湘瑩。

2. 記者有什麼方法可以挖到獨家新聞嗎？

3. 突然要採訪一個不認識的人，您有沒有遇過障礙？如果有，請問您是怎麼克服這些障礙的呢？

4. 主播除了上台播報，也要事前準備，您是不是有很長的時間都要在公司裡？

5. 在播報新聞時，有沒有遇過突然的狀況，讓您感到很緊張？

6. 當主播，讓您覺得比較辛苦的是什麼狀況？
   比較開心的又是什麼事呢？

最後，謝謝主播接受小記者採訪。

idea
給媽媽的
小錦囊

★不管是隨機的聊天，還是特定對象的訪問，一定要想好問題，才能發問，若未經準備，輕率發問，不但是不尊重對方，也是浪費時間。

★把握重點，訪問的時間不要太長。但，可以經常找不同的對象聊天，聽聽別人的故事，也增加自己的閱歷，就是在為寫作做準備。

★聊天前後，用筆記錄下對方的特點，和自己當時的想法。多練習，日後要寫作時，就不怕找不到「感覺」了。

親子互動時間

情境想像

火車上有兩個人，請看看他們的外貌，先選一個人物，依據迷宮給的選項，選擇適合的聊天內容，進行選擇和前進，最後到達終點，再想想，要跟受訪者說什麼話。

出發　　　　出發

【開場】
最近菜價上漲囉！

【開場】
爬山是很健康的
休閒活動。

看起來快下雨了，
你是賣完菜要回家嗎？

我也常去爬山，
你剛從哪裡下來？

自己種菜很厲害耶！
不知道什麼菜比較好種？
什麼菜農藥多？

新聞報導過登山客遇難的事件，
我很想知道，如果突然遇上暴雨，
這時候應該怎麼辦？

看到收成，
很有成就感吧？

每次爬到山頂，
是什麼樣的心情呢？

＊小朋友，要下車囉！
請對受訪問者說一句話，表示你的收穫。

～學陳述，話說經驗裡的衝突～
樂當名嘴，寫看法

那天傍晚，我們踏進一家麵店，店裡牆上掛著水墨畫，擺放的原木桌椅可見店家的用心。

下午四點多，三個外籍店員，聚在入口邊的工作區切菜、擺盤、聊天。

我和孩子選張桌子坐下，看菜單的同時，星妹不小心打翻水壺，於是我起身，請店員幫忙擦拭桌子。

沒想到，會得到直衝的回應：

「那麼多張桌子為什麼不坐別張啊！」

「這個位置比較通風。」我回。

「每個位置都嘛好風水，好通風的啦！」店員說著，不情願的拿起抹布。

我感到納悶，有股衝動想帶孩子離開，但想想，退一步海闊天空啊！

過了一會兒，有對夫妻帶兩個幼兒進來。選好位置後，太太拿點菜單到工作區去，先生陪著孩子，三歲左右的小男孩安靜的坐著，一個比男孩年幼的妹妹，左手拿筆，右手捏著一張點菜單。

突然，一個店員衝過去，搶下妹妹手裡的單子！

孩子放聲哭了，先生趕緊抱起寶貝安撫，太太倏地回來牽起男孩說不吃了。

店員鐵青著臉，哼說：「我有跟你說什麼嗎？我叫你說孩子要管一管，要畫畫自己帶紙不會。」

「莫名其妙！不能好好講嗎？」太太回。

「怎麼了？因為寶寶手上的紙被拿走嗎？」溫和的先生抱著孩子跟在妻子身後問。

「我問點菜的問題她都很沒禮貌，我們是來吃飯的，不是來受氣的。」太太說著，跨出店門。

「不吃就算啦！了不起啊！」店員對著那家人的背影哼道。接著，三個店員一個鼻孔出氣，沒有提出有理的辯白，沒有討論爭執的原因，說得盡是「自以為了不起啊！我也沒說什麼！兇什麼啦！」之類的情緒話語。

店裡，又只剩下我們這桌客人。

星哥說：「那個媽媽很生氣！」

「那個妹妹哭得好可憐。」星妹說。

「我知道那個媽媽為什麼生氣，我也覺得那妹妹哭得好可憐。」我說。

生活中隨處有衝突，衝突讓人激動，在激動的時候，我們被迫思考一些存在的問題，而後有了看法。

媽媽陪孩子自學作文，在衝突經驗裡，孩子要學習客觀陳述，看法才能不失公允。

●教孩子客觀陳述事件

★掌握敘事的基本條件：人、事、時、地、物＋事件原因。

例：今天傍晚，一對年輕的夫妻帶兩個小孩去麵館用餐，因為菜單引
　　起衝突。

●教孩子用記者的角度說看法

★克服障礙的妙方：針對事件，讓孩子用「我、你、他」的立場來表
　　達，例：

事件 →點餐時，店員和客人的衝突事件。

他 →說幾個看到的人物，他怎麼了？
　　→讓孩子學習換位思考，請孩子分析為什麼。
　　例：「客人（媽媽），因為員工的不耐煩而生氣。」
　　例：「客人（妹妹），嚎啕大哭，她手裡的東西被搶走了。」
　　媽媽也可以分享看法。→和孩子討論：媽媽會這麼說，是站在什麼
　　角度思考？孩子認同媽媽的看法嗎？
　　例：「員工，他對客人表現不耐煩，也不喜歡小孩亂畫菜單。」

我 →請孩子說，這件衝突造成的原因。
　　→看法必須客觀，不可以是情緒化或人云亦云的。
　　例：「我覺得講話的態度很重要。一個講話很直接的人，如果不
　　能站在別人的角度想，就很容易造成衝突。」

你 →做假設，一般人會怎麼看這件事？
　　例：「小孩本來就不應該畫菜單，不管孩子多小，爸媽都要教他。」
　　例：「員工的態度很讓人受不了，如果表現出基本的禮貌，客人
　　也不會這麼生氣。」

●最後，請孩子陳述事件，再統整看法

今天傍晚，有對年輕的父母帶小孩進入某家餐館，由於媽媽聽不懂店家的點餐說明，因而特地離開座位去櫃檯詳問，沒想到店員表現不耐煩。此時大約兩歲的小朋友拿點菜單和筆把玩，突然遭到另一位店員搶走。在寶寶的哭聲中，媽媽氣呼呼的拉著先生和孩子要離開，店員當場不客氣說：「不吃就算了！有什麼了不起。」媽媽聽了更火大，氣憤的回：「太誇張了！」

做父母的有責任教育孩子，不要讓孩子有機會破壞店家的物品，但店家也應當用和善的態度勸說。服務業無視顧客的感受，確實讓消費者感到誇張，特別是現今網路發達，消息傳遞迅速，店家的服務評價是消費指標之一。開門做生意，若在意人氣，想要賺錢，就應該注意員工的素質。

畢竟，一般人外出用餐無非是想放鬆心情，店員態度不佳，讓消費者無疑是找罪受啊！

idea
給媽媽的
小錦囊

★有些孩子，經歷一件衝突，卻不知道要從哪裡說起；有些孩子，對眼前的事，只習慣聽別人說，然後跟著別人這樣說，不知道可以有自己的看法。媽媽必須了解孩子的難處，才有辦法讓孩子敞開心、打開嘴，說看法。

★看法難免有主觀，多多引導孩子換位思考，透過生活事件的觀察，引發同理心，孩子的看法才能不偏頗。

★電視上的名嘴，很多具有記者的背景，要孩子能像個名嘴一樣侃侃而談，得要先有記者的基本能力——對爭議事件有敏感，並能及時啟動採訪的視角。

走迷宮，學說衝突

小學生因為協助視障者過馬路，受助者給他一張便當免費兌換券當謝禮。

開始

飲料店的店員幫客人服務時，允許朋友插隊，被老闆臭罵。不過朋友送他一張便當免費兌換券。

高貴的婦人想起美食部落客介紹的「好吃到爆便當」，決定去買十個分送朋友。

情境

　　三人來到便當店，小學生排第一個，來不及點餐，高貴婦人在後頭先大喊了：「我要十個最貴、最好吃的便當，我趕時間，請快點！」

　　店員排第二個，他必須盡快趕回飲料店，他看到便當店員工先處理婦人的十個便當，忍不這抗議……

　　婦人也不甘示弱的回嘴：「排你前面的都沒意見了，你不高興什麼？而且你們拿的都是兌換券，我付現金耶！他們當然要先賣我。」

　　便當店店員不想得罪客人，只好問小學生願不願意讓婦人先買。

結果

請孩子發揮想像
小學生會說：

請孩子發揮想像
飲料店店員會想：

請孩子發揮想像
最後，店員決定先賣給小學生，婦人會怎麼做？

請孩子當名嘴，對這個衝突事件表達看法。

～學觀察，什麼都不做也好玩～
樂當自然作家，找線索

　　那天，我忙著家務，心裡卻過意不去。美好的假日，我卻放任兩個孩子在家無所事事！於是，我喊著孩子的名，想要哥哥聽聽英文ＣＤ，要妹妹寫寫運筆練習，卻見兩個孩子蹲在牆角細聲討論，他們專注於發現，耳朵沒有接收到我的呼喊。

　　「有一粒米在走路耶！」妹妹喊。
　　「看，這隻要來幫忙了！」哥哥叫。
　　「吐！這隻好厲害……牠們是朋友嗎？」

　　「牠們可能是家人喔！螞蟻會分工合作，就像爸爸負責賺錢、媽媽負責照顧我們一樣，牠們這一種螞蟻負責出來找食物，找到了互相聯絡再一起搬回去。」

　　「兩隻一起搬也很像大力士！」
　　「一隻螞蟻可以搬比牠大很多倍的東西。」
　　「好厲害喔！牠們怎麼走回去呢？」（沿著同一條路走回去）
　　「靠氣味。」

　　我在孩子的背影裡，想起曾經教國中大孩子讀的〈兒時記趣〉（註：清代，沈復作）：「以叢草為林，蟲蟻為獸；以土礫凸者為丘，凹者為壑，神遊其中，怡然自得。」那些鎮日在教室裡習慣著考試的大孩子，早已忘了曾經觀察捕捉微小細物的時光了吧？畢竟有太多的時候，他們得想著怎麼將課文背熟。

　　孩子年紀越大，對周遭事物越視而不見時，大人才會感受到，年幼的孩子不求成果，為某物付出專注的可貴！從此我明白了，偶爾熱心的支持孩子什麼都不做，他才有機會啟動觀察的動力！

　　觀察行動很需要耐心，從生活中進行著，讓孩子有線索的觀察，也才有清楚的結果呈現在孩子的腦海，而這些結果將帶給孩子寫作的能力。

●教孩子從不同的角度觀察

★一邊玩，一邊觀察「動物」。
  →觀察「會動的物體」，例如白雲、海浪、動物等。
  「動物」的形態或動作不斷改變，孩子也會發現，他必須全神貫
  注才能捕捉瞬息萬變的畫面。
  →鼓勵孩子，用放大的眼光，捕捉動物各個角度的特寫，再模擬出
  動物的表情、動作。
★教孩子用眼睛看，設身處地想。
  小小孩的心最柔軟，容易引發同理心。
  有了同理心，孩子會想：「如果我是牠（它），我會怎麼樣？」
  在這個問題裡產生想像，就能觀察到更多可能。

●教孩子記錄式的觀察

1.選定對象觀察。
  →對象為孩子有興趣的動物。
2.和孩子討論，如何掌握對象。
  →觀察地點選在家裡或熟悉的社區。
  →觀察的時間，可以是數小時，也可以是好幾天。→好幾天的觀
  察，要先確定「被觀察者」能在這段期間出現。
3.進行觀察之前，先設定1～5個問題。
  →目的是，找到「被觀察者」的行為、習性或其他能滿足孩子好奇
  的答案。
4.持續觀察，設法追蹤找答案，並記錄。
  →必須讓孩子感到興趣，若孩子覺得不好玩，也就無法發現什麼
  結果。
5.一邊觀察，一邊聯想。
  →引導孩子聯想，讓「被觀察者」的形象更鮮明。

●星哥的觀察結果

簡單設定的目標

◆每天傍晚，到奶奶家的停車場觀察野貓，每次半小時，
　為期五天。

◆想知道的問題是：野貓吃什麼？

◆因為這隻野貓身上有黑色斑點，所以叫牠「黑斑」。

根據觀察記錄，寫短文

　　有一隻野貓常常出現在奶奶家的後院，我叫牠黑斑。

　　黑斑的警覺性很高，每次我想靠近牠，牠就跳到圍牆上，要走
之前，還會回頭用圓溜溜的眼睛瞪我，好像對我說：「離我遠一
點！我不喜歡你！」

　　附近的野貓很多，但只有黑斑會跳到我們的車頂上，或躲在車
底下，其他的貓都生活在圍牆外面。有一天，我看到隔壁的伯母
拿掃把追打黑斑，黑斑的嘴裡咬著一塊雞肉，牠逃跑的速度像閃
電一樣，但我還是替牠感到緊張，幸好，黑斑的腳像裝著彈簧，
一彈就跳到高高的圍牆上。停在圍牆上面，牠回頭瞪伯母一眼，
然後瘦長的身影才驕傲的離去，留下破口大罵的伯母。

　　原來，黑斑到人類的地盤，是為了翻找後院的廚餘桶，或溜進
哪扇沒關緊的窗戶裡去偷食物。看牠被追打的樣子，我明白了，
為什麼牠的個性孤僻，像一個很難親近的怪老頭了，因為牠的生
活真的很冒險！

idea
給媽媽的
小錦囊

★教孩子「從不同的角度觀察」，以繪本《七隻瞎老鼠》為例。
　→老鼠從不同的角度摸索大象，引發不同的聯想。
　→孩子在觀察物體的時候，也可以從不同的角度，發現不同的狀態。

★教孩子練習「記錄式的觀察」，舉自然作家劉克襄的《野狗之丘》為例。
　→作者以野狗為對象，進行了六百多天的觀察。
　→透過自然作家筆下的故事，孩子可以打開不一樣的視野。

★有時候坐著不動，只打開眼睛，就能發現好玩的觀察遊戲。在生活中，邀
　請孩子一起遊戲，用引導的方式帶孩子找線索，孩子不只感受到樂趣，也
　能學著在生活中，捕捉更多細小微物的流動與美。

親子互動時間

牠(它)的外貌

牠(它)像什麼?
【擬人法或譬喻法】

牠(它)的名稱

為牠(它)取個名字

牠(它)的個性

牠(它)的習慣

牠(它)喜歡做什麼?

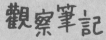
觀察筆記 說明:選定一個「動態物體」進行觀察。

觀察日期:_____

地點:_____

想知道的問題:_____

_____

～學敏感，用關心捕捉生活的片段～
當作家，要能小題大作

暑假第一天，我帶孩子到住家附近的速食店。

眼看一樓的點餐區大排長龍，我讓孩子先上二樓找位置等著。約莫十分鐘，我端著餐盤上樓，孩子在靠窗的位置，哥哥低頭寫暑假作業，妹妹開心的向我揮手。

我過去將餐盤放下，感覺正對冷氣口的位置有些冷，也感覺離我桌邊一個手臂遠的位置，那獨坐的客人讓我不自在！我警覺著，用眼角瞄見他的咖啡色休閒鞋，若無其事的聽星妹說：

「媽媽，我剛才有跟哥哥聊天吵他一下。」

「喔，那請你下次不要吵哥哥。」我說。

星哥堅持要將作業寫個段落才開動，我和星妹吃起漢堡。突然，隔壁桌的男人站起身，我的背脊跟著挺直防備，但，他只是端著餐盤去回收，並很快的回來，站在桌邊戴上漁夫帽，然後，讓我意外的開口對我說：

「你的孩子很好。」

我正視他的眼睛，聽他又說：「你還沒來的時候，我聽到他們的對話，他們被教得很好。」

我微笑了，他說：「教養不是一個片段，你這兩個孩子，讓我看到你付出很長時間的堅持，他們被教得很好，加油。」

男人離開了，留下的那句「加油」讓我眼眶熱了！

媽媽，是平凡又充滿挑戰的身分。沒想到，我竟在陌生人那兒聽到肯定的字眼呵！

在不經意中，我們的舉止、態度可能觸動他人，帶給人警惕或激勵的想法。一個陌生人能從一件小事，看出一串故事，不僅僅因為他的閱歷，也因為他隨時保持關心，對周遭的人事不當成「理所當然」。

生活中，總有值得發現的美好和智慧，能不能發現，決定在於：有沒有一雙「小題大作」的眼睛吧！

▶給孩子自主的機會，是教孩子「小題大作」的開始。

●教孩子打開「小題大作」的眼睛

【突破障礙的妙方】提供孩子自主的機會與資源，打開了孩子的感官，讓孩子去看看、去聽聽、去想想。

★給孩子相機，請孩子拍下特別的景象。
★給孩子錄音筆，讓他錄下自然的韻律。
★給孩子紙筆，讓他畫出看到的驚喜。
★給孩子問題，讓他主動去尋求答案。

●讓孩子知道題材在哪裡

【突破障礙的妙方】
用一個特寫，小題大作。

★坐上火車去旅行，列車停靠，一個落
　寞的月台，讓人想到什麼？
★散步在熟悉的巷弄裡，看到一隻狗，
　狗的眼神像在說什麼？
★到溪邊去踩水，冰涼的溪水帶來什麼感受？
★坐在甜品店裡，哪個畫面勾起了什麼的回憶？

●教孩子記錄和整埋

【突破障礙的妙方】
★記錄→「時、地、人、物、事，原因及發展」。
★整理→「描寫、敘事和猜想」。

【記錄和整理範例】
★時間／地點：暑假第一天早上／摩斯漢堡二樓。
★主要吸引點（人或物）：一個短髮、皮膚黑，中性打扮的人。
★被吸引原因（原因）：他一個人坐在角落，表情嚴肅的看手機，感
　覺很孤單，不知道他為什麼心情不好？
★事：一個中性打扮的人，他的心情似乎不好，獨自坐在角落，後
　來，他的朋友來了，他突然笑了。
★發展：兩個女人和一個小女孩來找他。他們一見面就激動的比手
　畫腳。

女人A：戴著灰色鴨舌帽，鼻梁上架著黑框眼鏡。中長髮，身穿藍
色棉衣、短褲，揹著紅色斜背包，穿紅色的布鞋。
女人B：綁馬尾，臉型瘦長，穿藍紅格子襯衫、牛仔長褲、布希鞋。
小女孩：額頭有整齊的瀏海，綁馬尾，大約一百一十公分，穿白色
棉衣、花裙子、G.P涼鞋。

【範例】他的安靜世界

　　他安靜的坐在角落，面無表情的盯著手機螢幕，沒有人知道他在想什麼。窗外蟬聲唧唧，冷氣空間裡，聊天的聲音此起彼落，而他就像這個空間裡的擺設。

　　突然，他激動的跳起來。一個戴著鴨舌帽的的女人和一個穿藍紅格子襯衫的媽媽帶孩子來了，他的表情變得興奮，用手語和朋友交流幾句後，兩個女人下樓去點餐，他流露親切的笑容，彎身和小女孩比手畫腳，大概是問女孩的背包裡裝了什麼？來的路上遇到什麼事？

　　當他的朋友回來，三個女人和一個小孩，在人聲嘈雜的用餐區，熟練的比著手語。他的世界看似安靜，卻有著常人不解的精彩吧？

★提醒孩子，尋找吸引點的過程，相機可以拍攝景物、建物，但是，不可以隨意拍攝陌生人，除非獲得當事人允許。遇到不能拍照的情況，就用筆描繪下來。

★命題式的作文，可等到孩子四、五年級再進行。先讓孩子感受好玩，孩子才能勇於表達、樂意寫作。

小題大作

說明：先找出一個吸引點，
　　　這個點不需要大，
　　　但是要能發揮。

親子互動時間

Who
（吸引點）

Where
他（它、牠）在哪裡？

What
他（它、牠）在做什麼？

你得到什麼答案？

你感到好奇的事

Why
他（它、牠）為什麼這樣做？

When
什麼時候／事情有了變化

How
事情變得如何？

～聽過、走過、看過～
創造奇蹟的「廣告詞」

那年，星哥四歲。我們第一次讀郝廣才先生寫的《一片披薩一塊錢》。寒冷的夜裡，星爸因公務到日本去，星妹還是小嬰兒，忙亂過後，我沖煮一杯飲料，和星哥一起擁著被子，一小口一小口啜飲著，奶香中有著淡淡的甜蜜，身體暖了，心也暖了。

星哥說：「媽媽，這是我喝過最好喝的飲料！你可以像《一塊披薩一塊錢》的阿比做一台手推車，你可以賣冬瓜鮮奶。」

幾年後，星哥即將入學，他說：「媽媽，我去上學，你帶妹妹去賣冬瓜鮮奶。你到學校附近賣，一邊等我下課吧！」

我不愛哄騙孩子，卻自然的回應了：「嗯，好！」

又過了幾年，星妹也將上學，她說：「媽媽，等我去上學，你要騎著三輪車到學校旁邊的廟口賣冬瓜鮮奶喔，我一下課就要去圍牆那邊找你。」

「嗯，好！」我說。

這時候，已經三年級的星哥也還相信，媽媽叫賣冬瓜鮮奶的日子即將開始，兩個孩子經常問起：

「冬瓜鮮奶的推車呢？」「媽媽，車子訂好了沒有？」

孩子呀，如果媽媽踩著三輪車，停留在校門外，能讓你們感受到一點安心，媽媽自然願意，但總有一天，你們的世界將不再只是這小小的校園，媽媽將踩著三輪車追著你們到哪裡去呢？有一天，你們會懂，媽媽那一份「只想讓你們安心」的陪伴裡，有牽掛，也有逐漸鬆手的祝福。而，你們期待媽媽踩三輪車的稚氣臉龐，將是媽媽的幸福回憶。

把希望留著，不管實現與否，畫面已經烙印心底，彷如成真，於是幸福的感受持續著。有了媽媽的情感和孩子的期待，等著永遠不會送來的三輪車之時，趁孩子的心還熱切，我們輕鬆的將冬瓜鮮奶的廣告詞想出來了。

●陪孩子了解廣告的目的

★請媽媽找一個自己喜歡的廣告，和孩子分享。

★在生活中，廣告無所不在。帶孩子走到戶外去，找看看「廣告」在哪裡？

★看看這些廣告，和孩子討論：廣告的目的是什麼？

★請孩子比較後說一說：什麼樣的廣告吸引他？為什麼？

★請他想一想，現在他有什麼物品想推銷？

●和孩子一起設計廣告詞

【突破障礙的妙方】

★找賣點→聯想話題→發現故事→廣告的風格→廣告詞要如何吸引人？

【提供孩子創作廣告詞的線索】

① 找賣點 →從商品的價值、功能、特殊性
　　→② 聯想話題 。

③從話題 發現故事 →故事可以是「帶有懸疑的劇
　　情」、「讓人共鳴的情節」、「吊人胃口的發展」
　　→④從此發現 商品廣告的風格 。

⑤從商品廣告風格確定 廣告詞要如何吸引人 →例
　　如：讓人共鳴的溫馨，把人洗腦的簡單，教人發
　　笑的幽默。

和孩子一起動動腦，變出屬於孩子和媽媽的廣告詞。

> 小提醒
>
> 利用感官的魔法
> 變出答案。
> 感官魔法包含：
> ◆視覺魔法
> ◆聽覺魔法
> ◆味覺魔法
> ◆觸覺魔法
> ◆嗅覺魔法
> ◆心覺魔法

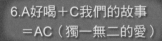 **範例** 星哥、星妹的冬瓜鮮奶廣告

1. 功用＋味覺＝答案A：好喝

6.A好喝＋C我們的故事
　＝AC（獨一無二的愛）

4.A好喝＋B溫暖
　＝AB（甜蜜）

3.特殊性＋心覺
　＝答案C：我們的故事

5.B溫暖＋C我們的故事
　＝BC（回憶）

2.價值＋觸覺
　＝答案B：溫暖

7.星哥、星妹的廣告詞
　＝AB＋BC＋AC＝甜蜜＋回憶＋獨一無二的愛
　＝（想念的時候，來一杯甜蜜的星星牌冬瓜鮮奶！）
　＝（星星牌冬瓜鮮奶好甜蜜，每一口都是我愛你的回憶！）
　＝（溫暖分離焦慮的心，星星牌冬瓜鮮奶有辦法！）

 idea
給媽媽的
小錦囊

廣告的目的是讓消費者心動，引起購買
慾望，但學習中的孩子很難一下子想出賣
點，這時候，先讓孩子找到自己跟商品的
關聯，再從商品的功用、價值、特殊性激盪
出創意，就會容易些。

我要賣的商品是：_____

1. 功用＋_____覺

=A

6.A＋C

=AC

4.A＋B

=AB

3. 特殊性＋_____覺

=C

5.B＋C

=BC

2. 價值＋_____覺

=B

7.AB＋BC＋AC

＝我的廣告詞

遊戲時間

「感官魔法」加加加，
變出創意的廣告詞。

～學審評，戶外教學不走馬看花～
在活動裡，寫趣味

那天，是星哥學校的戶外教學日。

每學年，都必須去一趟「綠色博覽會」，必定的過程是：坐遊覽車，下車走走逛逛，有時吃吃零嘴，有時看看展覽，然後午餐……回程。走過、看過，一趟戶外教學下來，留下的深刻印象總是「熱」和「累」。

這次，星哥向老師說明了，想跟媽媽去體驗不一樣的戶外教學，於是，他請了假，我們前往動物園。

星期一，動物園顯得冷清。

我們從紅鶴區開始發現新奇，紅鶴的姿態很優雅！

天哪！在樹上盪來盪去的不是泰山，是長臂猿，牠的叫聲太引人注意啦！

這又是誰在搞笑？笑聲像巫婆一樣！

咦？駱駝的駝峰垮下來了！

木柵動物園，我們去過許多次了，常去郊遊、去湊熱鬧、去看各種動物很開心，但只有這一次，我們放慢腳步，打開了欣賞與學習的視角。

戶外教學，是讓孩子帶幾包零食，和同學一同郊遊去嗎？如果是這樣，孩子的心得也只能寫：「今天很開心，坐上車吃零食……下車和同學玩，動物很多很好玩，我看到獅子很驚奇，我還看到無尾熊、大象、鱷魚……然後我最喜歡貓熊。我今天收穫很多，玩得很快樂，希望下次再去戶外教學。」

既然走出教室活動去了，就該給孩子更多深刻的體驗和發現才是啊。

★和孩子討論，選一個孩子有興趣的地點。

★打開評審的視角，去發現有趣、好玩、值得學習的事物。

→和孩子一起設計評分表：

最美麗獎／最有趣獎／最博學獎／最特色獎，

鼓勵孩子去看，孩子看到什麼、學到什麼，就頒發什麼獎。

星哥和星妹的動物園遊記

所頒發的獎項有：

動物園遊記
選拔大賽結果

評審：星妹／五歲

最美麗獎	最好笑獎	最可怕獎	最可愛獎	最好玩獎
紅鶴	笑翠鳥	蟒蛇	無尾熊	長臂猿

小提醒

問問幼兒為什麼，

例如：「紅鶴為什麼最美麗？」

▶紅鶴是動物園的迎賓動物。

動物園遊記
選拔大賽結果

最佳體操獎　最佳搞笑獎　最佳人緣獎　最佳老師獎　最佳特色獎

長臂猿　　　笑翠鳥　　　無尾熊　　　駱駝　　　　石虎

用雙臂　　　叫聲很好笑　　睡覺的樣子　　駝峰裡面　　跟貓長得很像
在樹林間擺盪　　　　　　　很可愛　　　是脂肪

評審：星哥／小學三年級

▶駱駝的駝峰儲存脂肪，當駝峰下垂的
　時候，表示牠需要補充熱量了。

遊戲時間

超級比一比　（　　　選拔大賽　　　）

（　）獎　（　）獎　（　）獎　（　）獎　（　）獎

idea
給媽媽的
小錦囊

★孩子在意好玩，喜歡有趣，期待獲得適性的學習歷程。
　這歷程，需要媽媽的堅持和陪伴，才能鼓勵孩子跳脫慣
　性，獲得獨一無二的成長足跡。
★爸媽可以依照孩子的興趣延伸，讓一個戶外活動帶來教學
　意義。只要孩子走出教室，對新鮮的事物打開欣賞或學
　習的眼光，就可以開始玩評審的遊戲。

PART 4 常見的 作文功課 這樣解

　　常聽到朋友說，最怕孩子拿作文功課回家了！也有朋友問：「孩子讀那麼多課文，對作文有幫助嗎？」

　　有。但有許多孩子，跟著老師的進度一週學一課翻過知識的紙頁，那些被解釋得極為精彩的文章，他一點都不感動！學習課文，並不是要孩子背下句子、學作家的表現風格，是要孩子看見感動，學習組織，並醞釀自己的創意。

　　就像孩子學習騎腳踏車，大人拚命幫他捉穩車身，重複的講述技巧，孩子也還是不會！只有讓孩子試著上路，在搖擺中尋求平衡，才能找到自己的感覺，最後踩踏出一路流暢。

　　作文不是考驗孩子的功課，是要學著表現思想和情感，學會了，就多了一項技能。因此，孩子的作文，媽媽免煩惱，只要正視問題，陪孩子發現動力，再適時的給予克服障礙的妙方，就有解啦！

如何審題？

～每道料理都有主角，每個題目都有題眼～

題目：〈夏天最棒的享受〉

看到一個題目要先「審題」。

審題，就是了解題目的重點。就像要煮一道菜，必須先掌握這道菜的主要材料，料理才會順利。

一個題目有題眼和範圍，例如：〈夏天最棒的享受〉，題眼是享受，寫作重點是「自己最喜歡的享受」，範圍只能是夏天，而且，只能寫一件最棒的享受。這樣審題，就不會離題，也能掌握重點。

但是，有些題目的重點很明顯，孩子卻一看到題目，就被先入為主的想法困住了！例如：

看到〈紅包〉，孩子可能想：「就是紅包袋裡裝著錢，有什麼好寫的！」

看到〈下雨天〉，孩子想：「雨天想到晴天，我只喜歡晴天，雨天不好玩，完蛋了，寫不出我喜歡做什麼事！」

看到〈爸爸〉，孩子想：「爸爸長得高高壯壯的，爸爸每天上班賺錢，然後還要寫什麼啊？」

看到〈談環保〉，孩子想「題目好難啊！環保是很嚴肅的問題，什麼地球暖化啊，環境污染啊，我就是不會寫！」

如果媽媽理解孩子的難處，告訴孩子，媽媽也曾經「一看到題目就被打敗了」，孩子排斥作文的心就能因此柔軟，眼神會因為「媽媽和自己同一國」而變得明亮，然後媽媽才有機會進行下一步，教孩子將題目簡單化。

★〈紅包〉是一個物品。→聯想題。

　　引導孩子針對題目，從「時、地、人、事」做聯想，就可以破解題目，找到寫作的方向。

　　例如．拿到紅包的時間點常是過年，紅包象徵吉利，也代表一種祝福，可以寫出「與長輩之間的回憶」。

★〈下雨天〉是一個景況。→感官摹寫題。

　　引導孩子針對題目，從「視覺、聽覺、觸覺、嗅覺、味覺」＋「心覺」來解題，摹寫出下雨天的情境。

★〈爸爸〉是一個人。→形象成立題。

　　引導孩子從爸爸和自己的關係，或自己和爸爸的故事去破解題目。

★〈談環保〉是一個生活議題。→辦法題。

　　引導孩子從「怎麼做」解題。讓題目簡單化的辦法是，從自己做得到的想起。例如：我們平常可以付出哪些行動做環保？資源回收有哪些好處？淨灘活動在做什麼？

★讓孩子感覺題目很簡單，是激發孩子動力的第一步。一旦孩子覺得題目困難，就無法盡情寫想法，因此，先陪孩子審題，將題目簡單化，也就不難了。

★隨時記錄當下的特別感受，遇到相關題目時，就不怕沒感覺了。例如，在夏天時把心情記錄下來，就不怕到了冬天寫不出夏天的感覺了！

夏天最棒的享受

原作：星同/四年級

夏天最棒的享受，是在太陽湖畔的餐廳，坐在窗邊的位置，聽著輕柔的琴聲，吃著我最愛的冰淇淋。這樣的感覺，會讓我忘記夏天的無情。

夏天像一個無情的惡魔，當我走在太陽底下，會感覺皮膚像被針刺一樣的痛，我只能躲在冷氣房裡，但不管是躲到哪裡，冷氣只能讓我的身體降溫，卻沒辦法讓我的心感到自然涼。直到有一次，媽媽帶我到太陽湖畔，我終於發現了，屬於我的——夏天最棒的享受。

湖邊的餐廳小小的，老闆將冷氣溫度設定在二十度，我像做夢一樣，令我討厭的夏天瞬間遠離。眼前，透明高腳杯裡的冰淇淋像一座雪山，我挖起雪山的一角含進嘴裡，整個人瞬間縮小，小得像拇指一樣大小！我在雪山上和妹妹打雪仗，爸媽笑著看我們，最後雪山全吞進我和妹妹的肚子裡，夏天的惡魔也被我們打敗了。

夏天最棒的享受，是坐在餐廳吹冷氣？還是大口大口的吃冰淇淋呢？都不是！是坐在太陽湖畔的餐廳裡，吹著冷氣，大口吃著冰淇淋，望著窗外的湖景，聽著夏天的蟬聲，這才是讓我感到最棒的享受。

什麼是立意？

～從頭到尾都吃豬腳就對了，一個中心貫穿全局～

題目：〈過新年〉

星哥小學三年級的寒假作業有一篇作文，題目是：〈過新年〉。

如果，孩子拿這個題目問媽媽該怎麼寫，媽媽說：「吃團圓飯啊！」

孩子總會再問：「還有呢？」

「拿壓歲錢呀！」這時候，媽媽可能翻白眼了，忍住要抓狂的火氣回答：「你自己不會想想看啊！過年的時候，你做什麼？家人做什麼？」

哎呀，過年真的好忙啊！於是，孩子開始寫囉！

過年了，媽媽忙著買年貨，爸爸大掃除，我幫忙貼春聯，爺爺、奶奶說要祭祖，最後一家人吃團圓飯，然後我開心的拿到壓歲錢，隔天還要去走春，初二我們陪媽媽回娘家……

噢！這時候，媽媽一定要像個專業的導演，果決的喊「卡」！而後拿出耐性來，陪著孩子想一想，哪些事值得寫也必須寫，哪些事做了也不必寫。

寫作文，不是看到題目後，急著想有哪些相關的事件，然後把想到的都寫進去啊！

看到題目要先審題，然後立意，也就是根據題目選取最想表現的思想或情感，這就是題目的中心思想，從這個中心選取適當的材料扣緊題眼發揮，才能表現明確的意旨。

千萬不可以看到題目就東拉西扯，把相關的全寫進去。請孩子記住，寫作文不可以想到哪就寫到哪，必須先立定題目的中心思想，從頭到尾一貫的發揮。

我問星哥，每次過年，他最難忘的是什麼事？

「是媽媽要滷豬腳。」

「為什麼？」

「因為那時候媽媽都忙得沒空陪我啊！」

喔！我回想起那些時候……

總是在過年的幾天前，我的情緒就緊繃了，希望今年滷的豬腳能比去年美味。從預訂生豬腳、採買配料，清洗、汆燙、翻炒……我只能專注在滷豬腳這件事。從孩子的視角看去，原來不單只是滷豬腳這件事啊！

idea 給媽媽的 小錦囊

面對寫作功課，許多孩子都必須絞盡腦汁，才能生產出符合規定的字數，他們關心的是：這個題目有沒有東西可以寫？這樣寫老師會不會說不行？

所以，孩子不知道什麼是中心思想，其實很正常。請媽媽先教孩子掌握文章的主旨，再要求其他吧！

▶〈過新年〉，有人寫「習俗，凸顯年味」，有人寫「新年活動，就愛這一年一次的恭喜發財」，而星哥寫「豬腳象徵團圓，也表達自己對爺爺的情感」，同樣的題目，每個孩子所想的大不同，找到孩子在意的、感動的，就是孩子能掌握的中心思想了。

●1. 請孩子針對題目聯想。

例如〈過新年〉這個題目，星哥想到：

紅包、鞭炮、豬腳、春聯、家人、旅行……

在這麼多相關的事件裡，要釐清一個重點，讓文章有一個主線從頭至尾貫穿。這就是「中心思想」。

●2. 從以上一個聯想（中心思想），再去聯想有關的事件。

例如，星哥從「豬腳」想到爺爺愛吃豬腳的原因是「象徵團圓」，另外還有媽媽必須到「菜市場」、會看到很多「年菜」、吃到很多「美味」。

> **小提醒**
>
> 有些材料看起來跟題目相關，一寫進去卻顯得雜亂，而且會影響主旨的呈現！因此，一定要先決定「中心思想」再確定材料。

●3. 從上面的原因說經過。

例如，星哥寫：

除了豬腳，過年的餐桌上還有魚和雞肉……

吃素的奶奶也會準備……

●4. 由上面的經過，寫到自己的感受。

例如，星哥寫：

希望明年過新年，我們家的餐桌上還是有豬腳，因為……

> **小提醒**
>
> 記得要「前後呼應」，例：第一段從「象徵團圓的豬腳」說起，最後一段則寫到「希望明年還是團圓吃豬腳」。

過新年

星同/三年級

　　說到過新年，很多人會想到年獸，我想到的卻是豬腳。每次過年，媽媽都會忙著滷豬腳，因為除夕這天，爺爺一定要吃豬腳。

　　為什麼過年要吃豬腳呢？媽媽說，豬腳象徵團圓和好運。我聽了才明白，為什麼爺爺這麼堅持，我也樂意和媽媽去買年菜，在人山人海的市場裡，有代表吉祥的食材和禮盒，很多婆婆和阿姨都提著大包小包，大家都期待和家人團圓吧！

　　除了豬腳，過年的餐桌上還有魚和雞肉，魚代表「年年有餘」，雞代表「大吉大利」，吃素的奶奶也會準備橘子、年糕，還有長年菜……所有的年菜裡，我還是最喜歡豬腳，滷豬腳很費工，看見媽媽辛苦滷出來的豬腳，我總是迫不及待想吃一口，吃一口就感覺全家團圓了，真好。

　　過新年，爺爺會拜祖先、放鞭炮，我會陪爸爸貼春聯，但是讓我最期待的事，就是吃媽媽滷的豬腳了，我希望每年的過年，我們家的餐桌上都有豬腳，因為我希望八十歲的爺爺長命百歲，每年都陪我們過新年。

話說取材大問題！

～咖哩麵和韓式辣拌麵為何不能比？～

題目：〈我最感動的一件事〉

某天，星哥放學後，開心的說：

「媽媽，老師要我們寫一篇作文，我已經想好我要寫什麼了。」

孩子繼續報告說：「題目是〈我最感動的一件事〉。」

嗯，小學六年一定會寫到的題目。

孩子又說：「我要寫李文斯頓的故事。」（註）

「為什麼？」我叫出心裡的困惑。

「因為我很喜歡李文斯頓的故事。」

「他的故事讓你很感動嗎？」

「對啊。」星哥一定是看到我滿頭的「Why？Why！」於是開始解釋，想證明他的想法是可行的：

「李文斯頓是一個很堅持的人，他想證明他認為對的事情，所以他不管別人怎麼懷疑他的看法，他一直很辛苦、很努力的去找到他要的答案，所以我覺得他的故事讓我很感動。」

星哥說的並沒有錯，但，我不認同！

星哥接著說：「不然，我寫南丁格爾的故事，南丁格爾也很偉大。」

「她偉大跟你有什麼關係？」我問。

「她很偉大我才會覺得很感動啊！」

「那為什麼一定是李文斯頓或南丁格爾呢？你不覺得爸爸有做什麼事情讓你覺得很偉大也很感動嗎？」我一口氣說。

沒想到，星哥回答：「寫名人才有深度嘛。」

「但是沒有人要看你賣弄的深度啊！」

我突然感到氣餒，孩子竟然欠缺生活的感動！難道，孩子將家人的愛，視為理所當然了？

我心急的說：「前兩天爺爺在菜園昏倒，爸爸那時候在上班，接到電話以後爸爸趕到菜園，後來爸爸揹著爺爺到車上，爺爺想吐，爸爸就用雙手捧住爺爺吐出來的食物……」

生、老、病、死是日常。那天我趕去幫忙，而已經放學的孩子跟著外婆。很多時候，我們不讓孩子看到大人痛苦的畫面，不願孩子跟著難過，也考慮到有孩子跟著不好辦事，但也因此，孩子無法體會真實的生活。

就算我把經過描述得再清楚，星哥也缺乏身當其境的感動。

我和星哥對望著，他不懂媽媽為什麼不能支持他的「深度說」，我也想著：

如何用言語的描述就將感動傳遞給孩子呢？

但，我為何要孩子感受大人的辛苦？

最感動的一件事，寫的終究是孩子的感動，不是嗎？

觸動人心的事件，沒有固定的基調，孩子總有一天會長大，父母持續用愛去滋養他的心，他的心能溫厚也就夠了。

也可能，感動已在孩子的心裡，只是還沒傳遞到腦海形成有效的滋味吧！

感動的事可以是酸的、甜的、苦的、辣的，在每個階段、每個年紀，都有剛好的滋味與色調，那是屬於孩子個人的，總有機會觸動他的心。

　　註：大衛・李文斯頓，1913～1973，英國探險家。

★跟孩子說明，或帶孩子吃咖哩麵和韓式辣拌麵。
→同樣是麵食，印度人喜歡前者，韓國人喜歡後者，這時候就無法比較美味，只能根據需要選擇適合，適合的就是好吃。作文取材也是同樣的道理。

★帶孩子感動生活。
→期待孩子有適當的材料發揮，必須讓孩子體驗深刻，讓孩子變成熟悉這些材料的人。

★成功取材的祕訣是：從熟悉的著手。
→熟悉的，總是切身經歷的事件，如此才能寫出真誠和把握。

★我最感動的一件事，是自己生活中的感動，選材必須是自己經歷過的事。

★孩子的作文寫不出來，或寫不好，是想不到適合的寫作材料，或選材不適當。媽媽陪孩子累積生活經驗，陪孩子找出感動的、經歷過的適當材料，才能讓孩子寫出真心、寫出成就感。

我最感動的一件事

星同/三年級

　　記得那是我小一那年的春天，我們全家人去參加「白沙屯媽祖徒步進香」活動。因為這趟文化之旅，讓我的心被感動填滿了。

　　從第一天的凌晨，我接收陌生人給我的一罐飲料開始，我迷迷糊糊的心就被溫暖了。後來一路上，有許多不認識的人，在路邊發送各種熱騰騰的食物，讓我填飽肚子，也讓我忘記疲累。好幾次到了晚上，我們要找地方過夜，還幸運的被邀請進陌生人的家裡。

　　為什麼不認識的人會跟我分享，還幫助我呢？媽媽說，這是宗教文化的力量拉近彼此的心。最近，我讀到南丁格爾的故事，南丁格爾一心想成為護士幫助別人，我終於知道了，為什麼陌生人會帶給我感動——因為和南丁格爾一樣，他們都有一顆愛心，願意分享自己的能力，也願意替別人著想。

　　媽祖進香活動不只是一個宗教活動，也是一趟讓香丁腳感受到愛的旅行，在過程中，我也學到了，要把感動分享出去呢！

▲徒步經西螺大橋。

◀每個家庭都有屬於自家適合的體驗活動。不適合的，孩子會用他的行動告訴爸媽，適合的，孩子也會用他的態度堅持下去。過程，不只是孩子學習了，父母也收穫著。(在虎尾天后宮過夜)

掌握結構，寫作如魚得水
～吃喝玩樂真熱鬧，會逛夜市就會寫作～

題目：〈接力賽〉

在台灣，夜市是一種文化。

在孩子尚未拿筆寫作前，我就會和孩子「聊夜市」。

「最喜歡哪個夜市？」

「這個夜市和那個夜市有什麼差別？」

然後，我會問孩子：「如果你要跟別人說，我們去逛夜市發生的事情，你會怎麼說？」

聽孩子說說看，會逛夜市就會敘述事件，然後很多題目都難不倒囉，例如：〈下課十分鐘〉、〈上學途中〉、〈運動會〉、〈星期天〉……

所以啦，陪孩子自學作文，別忘了帶孩子認真的逛夜市喔！

★方法1：請孩子說說「開始」，再說「經過」，最後說「結果」。

①開始：要去逛夜市了，心情如何？

②經過：到夜市，看到什麼趣事？

③經過：到夜市，做了什麼好玩的事？

④結果：這次逛夜市，有什麼想法？

★方法2：請孩子說說「原因」，再說「然後」，最後說「收穫」。

①原因：為什麼去逛夜市？

②然後：到夜市，聽到、看到什麼？

③然後：在夜市裡，經歷什麼特別的事？

④收穫：這次逛夜市，有什麼收穫？

★方法3：請孩子說說「最喜歡的」，再說「為什麼喜歡」和「發現」，最後說「有什麼期待」。

①最喜歡的：我最喜歡做這件事了，說說心情。

②為什麼喜歡：為什麼喜歡這件事，說說原因。

③有何發現：進行這件事，有何特別的發現？

④有什麼期待：對這件事，有什麼期待？

idea
給媽媽的
小錦囊

★一件事的經過要說清楚。

★一定要說點跟別人不一樣的，那就是個人的想法和發現。

接力賽

星同/三年級

今天當我知道，要跟四年級的學長、學姊比賽大隊接力時，我就緊張得像熱鍋上的螞蟻。

起跑槍「砰」一聲響了，像鴕鳥一樣有雙瘦長腿的諸葛向前衝去，但是，她的對手太強，她終究還是落後了。接著換我上場，當同學把棒子交給我，我恨不得插上翅膀立刻把接力棒交給下一棒的同學，我拚命的往前衝……比賽過後，同學說我跑得比以前快很多，但很可惜，我還是沒有追到對手。

我把棒子交給班上的「飛毛腿」——小楊，我對他抱著很大的期待，果然他縮短了兩隊的差距，讓我好開心。緊接著，是有「鬥牛」綽號的象象接棒，哇！一眨眼他就跑到了終點，全班發出驚喜的歡呼。

這次大隊接力，我們班贏得了勝利，讓我好開心，不過我還是緊張，不知道下一次比賽，我們會贏嗎？

掌握主要素，不怕寫日記
〜煎蛋和蒸蛋，作法不同，主要素相同〜

題目：〈小日記〉

朋友在電話那頭訴說著，孩子的「圖文日記」功課，讓她感到頭疼啊！

星妹聽到媽媽和阿姨的聊天內容，問：「什麼是圖文日記呢？」

「日記就是記錄一天的事情，可以是特別的、好玩的、有趣的事情，也可以是想對哪個人說的話。」我說。

「哥哥會寫圖文日記嗎？」妹妹問。

「哥哥喜歡畫畫，畫圖以後再寫下這張圖的故事，或是想說的話，就是圖文日記！」

「哥哥常常這樣做！我不會寫字，但是我會畫畫，我把畫裡的故事說給媽媽聽也算是日記嗎？」

「是啊！」

寫日記，是為了檢討、記錄和學習，可以寫的事情很多。但孩子不免會嚷著：「媽嗎，我要寫什麼啊？」「今天沒有發生特別的事啊！」

媽媽可以把問題丟回去給孩子，「你的日記怎麼會問媽媽呢？」「一定要寫特別的事嗎？」

老師生氣了！媽媽頭疼啊！我的擦子不見了！都不是特別的事，但，只要小題大作，把平常的事情，放大來寫，寫日記不只容易，還很好玩呢！

例如：

〈老師生氣了〉

老師生氣了，因為我們一邊打掃一邊聊天。有需要生氣嗎？老師在工作的時候，都不會想貪玩一下嗎？如果我是老師，我可能也會生氣吧，但我不是老師，所以我只能挨罵，真希望下次打掃的時候，我會認真不聊天不貪玩，但⋯⋯

〈媽媽頭疼〉

媽媽喊頭痛，還說自己可能得了流感！如果媽媽得流感，我的日子就難過！肚子餓了，爸爸會買難吃的便當給我，該送我上學了，媽媽還在床上跟病毒抗戰，我的臭衣服沒人洗，也沒有人對我嘮叨，天哪！難怪媽媽說我是媽寶，一天都不能少了她的侍候！

〈我的擦子不見了〉

我的擦子失蹤了，我沒有登「尋擦子啟示」，反正也不是第一顆擦子走失了。我跟小捷借，小捷很慷慨，直接丟給我一個，讓我從第一節課使用到最後一節課，最後我忘記還，把擦子帶回家。不過，我想到人家說，有借有還，再借不難，我明天一定要記得還擦子，這樣我才可以繼續跟小捷借東借西啊！

●提供孩子寫日記的動力

★孩子不開心的時候，給孩子一本畫本，把壞心情當垃圾一樣丟到畫本上，如果可以再寫幾句話，壞心情就被丟棄得更澈底了。

→日記，是孩子情感抒發的管道。

★孩子得意的時候，讓孩子感覺媽媽以他為榮，再請孩子寫下得意的事。

→日記，讓孩子用文字肯定自己。

★孩子做錯事了，請他寫下自己的過錯，也請他想一想，如何改進？

→日記，讓孩子學習檢討。

★家人聚餐、快樂出遊、難忘的一天，生活中有很多愉快的事件，請孩子寫下這些回憶。

→日記，幫孩子保存珍貴的回憶。

●教孩子寫日記的方法

方法1 讓孩子覺得寫日記是一件太容易的事了！

★用畫畫說日記

→先從圖畫開始，請孩子畫下想說的話。

★用拍照保存日記

→請孩子捕捉有興趣的畫面，再看相片說想法。日後，孩子看到這張相片，就能找到當時的回憶和想法，這張相片就是孩子的日記。

★用感動寫日記

→一份生日禮物，一顆海邊的石頭，一個難忘的故事……孩子喜歡的事物，都可以延伸記錄下心情。

★用一個問號寫日記

→野貓的叫聲和嬰兒的哭聲，有什麼差別？薔薇戰爭，跟花有關嗎？生活中的發現，對話裡的疑問，都可以當成日記的開頭，有了開頭，再寫出發現和答案，也是日記。

★用一句祝福寫日記

→代課老師要離校了，妹妹要上小學了，寵物的世界只有主人……，想到這些事，就可以寫下給老師、給妹妹，甚至給寵物的祝福。

★從「我」出發，寫夢想，寫決定，寫難過，寫喜歡……。

→在日記裡，孩子可以表現最真實的一面，他就是日記裡的主角。

方法2 告訴孩子，「寫日記，就是說生活中的故事」。

★陪孩子煎蛋和蒸蛋

→讓孩子發現「做法不同，但主要素相同」。

，每天的日記都有不同故事，但主要素請記得：「人、事、時、地、物」。

★用問題，引導孩子說。例如：

→今天發生什麼好玩的事？

答：下午，在小主播營的教室，老師讓我學播報新聞。

→為什麼好玩呢？

答：因為坐在台上，有攝影機拍我，最後還可以看到自己播報新聞的畫面。

→除了你，還有哪些人也在那裡呢？

答：有老師，其他同學和攝影師。

→有什麼東西讓你覺得特別？

答：攝影師手上的機器，跟我們用的相機不一樣。攝影師要我盯著鏡頭，可是我太緊張了，忍不住看攝影師的臉。

idea
給媽媽的
小錦囊

★孩子不喜歡寫日記，通常是不會寫，不知道該寫什麼。如果，孩子感覺寫日記一點都不難，自然就樂意寫日記囉！

★別人的對話，自己的內心戲，都可以寫進日記裡。孩子很習慣說：「今天沒發生什麼事啊！」其實許多小事都可以擴寫成一篇作文，會小題大作，也才是真正的作文高手喔！

★日記寫得妙，作文沒煩惱。希望孩子主動寫日記，老師和媽媽就不要批評孩子寫的內容，這樣孩子才會大方的寫出想法。

composition
文章分享

日記～第一次當小主播

星同／三年級

　　今天，是小主播營的最後一堂課，也是我第一次坐上主播台，我好期待看到自己播報新聞的電視畫面，但是，我不知道自己辦得到嗎？

　　當攝影師將鏡頭對準我，我的喉嚨突然發不出聲音，我偷瞄台下的人，哇！每個同學都瞪大眼睛看我。聽到攝影師倒數到一，我趕緊嚥下口水，強迫自己唸出「稿頭」，唸著唸著，台下有窸窸窣窣的聲音傳來，我偷瞄一眼，原來大家都忙著練習，哪還有心情盯著我啊！突然，我的心情平靜了，稿子也越唸越順，很快就完成工作了，感覺好像作夢。

　　營隊結束前，老師告訴我們：「感覺緊張、害怕都是正常的，只要勇敢做過一次，下次就會更有把握了！」我覺得很有道理，也一定要牢牢記住。這是我第一次當小主播，雖然我做得不是很完美，但是我好高興，因為我真的做到了。

閱讀心得，孩子自己搞定吧！
～作文功課裡的開胃菜～

題目:〈閱讀心得〉

當媽媽的，你的孩子曾經拿著閱讀心得單，一臉無辜或無助的望著你說「我不會寫」、「我不知道要寫什麼」嗎？

正常的啦！即便孩子的閱讀量足夠，敘事也能掌握邏輯，但事實上，聽、讀、想、說、寫……，每個過程都是學習，孩子學習作文，無法立竿見影。

當孩子說「不會寫」的時候，請媽媽先同理孩子的困難，不管孩子是絞盡腦汁了還是不會，或是賴皮著，想用一句不會就讓媽媽幫他搞定，我們都只能面對。那些「怎麼不會啦！」「你到底把書讀了沒啦？」的話，說出口只是發洩情緒，對孩子沒幫助。

閱讀心得，也只不過是孩子作文功課裡的開胃菜，把孩子教會了，麻煩才能從此解決，以後他一拿到閱讀單只想快快完成，媽媽從此省心哪！

●請孩子確實讀完一本書

若孩子寫不出心得，請引導孩子這樣做：

1.陪孩子再讀一次故事，確定孩子不是草率的翻完書本。

→請孩子確實的掌握情節發展。

2.請孩子唸給媽媽聽，遇到故事轉折，或與書名相關的細節，請孩子
　暫停，請他說一說、想一想。

→讓孩子專注在情節，同時也是引導孩子思考，避免孩子只是唸故事。

●若是有良好閱讀習慣的孩子，則省略上述，從以下開始引導：

1.闔上書本，請孩子以自己的語句重述這個故事。

→孩子說不會寫，就是抓不到重點，或是喜歡沉浸在故事的趣味，但
　他不明白為何要寫閱讀心得，感覺寫就不好玩啦！

→這時候，請耐著性子告訴孩子，愛閱讀是一件很棒的事，這麼棒的
　事可以做得更棒，就是請他把故事的重點說出來。

2.當孩子重述故事時，請媽媽提出「為什麼」、「所以呢」、「然後
　呢」、「你覺得好嗎」等問題。

→經過這些問題，孩子會進一步思考，也能重整故事的重點。

3.再請孩子說說這個故事的重點是什麼？

→若孩子說不出來，請他說書名，再回憶他剛才回答媽媽的問題。

→書名和故事內容有什麼關聯呢？這可能就是故事的重點。故事的重
　點就是故事的大意。

4.心得，請掌握：是什麼？為什麼？怎麼做？

以小二星哥寫《吃六頓晚餐的貓》的閱讀心得為例：

①是什麼？
　　他先練習說，再回答媽媽的問題，最後進行寫。
　　在寫之前他的腦袋已經有了些重點，接下來是將重點整理。
　　星哥說：「這隻貓在兩個不一樣的地方都吃六頓晚餐。」

②針對上面答案，說說為什麼。
　　星哥說：「兩個地方的人，對一隻貓，分別到六戶人家吃飯的態度是不一樣的。」
　　媽媽引導他說出更完整的答案：「因為兩個地方的人習慣不一樣，第一條街的人你過你的我過我的，不理別人。貓可以在六戶人家吃飯而不被發現，是因為大家彼此不認識。」
　　請孩子用一個詞或一句話，形容第一條街的人→冷漠。
　　至於第二條街的人，孩子的形容是→溫暖，熱心。

③請孩子說說，自己會怎麼做。
　　星哥說：「我會像第二條街的人那樣包容貓，因為我喜歡貓。」

　　有了以上這些答案，孩子就能組織出一篇流暢的閱讀心得了。
　　別忘了，功夫是練出來的，媽媽陪孩子練習幾次，很快就能像《火龍媽媽的母親節》的情節開始，火龍媽看雜誌、敷面膜啦！

閱讀心得～吃六頓晚餐的貓

星同/三年級

　　有一隻貓，牠住在一條街。這隻貓在不同時間，出現在門牌一到六號的人家，住在這裡的人平常都不往來，所以不知道他們同時養了這隻貓，後來，大家知道了，就把這隻貓趕走。於是，貓搬到了另一條街，牠一樣到每戶人家去吃飯，但是第二條街的人包容了牠。

　　兩個地方的人，對貓的態度完全不一樣。因為這兩個地方的人習慣不一樣，第一條街的人自掃門前雪，不理別人，貓可以在六戶人家吃飯卻不被發現，就是因為大家彼此不認識。但第二條街的人，大家互相熟悉，一開始就知道這隻貓是大家一起養的。我覺得第一條街的人太冷漠了，第二條街的人既溫暖又熱心。

　　這本書很有趣，它告訴我們：人的個性不同，就會造成很多事情的發展不一樣。如果是我遇到這種情況，我會像第二條街的人那樣包容貓，因為我也希望別人包容我，而且我很喜歡貓。

文章要精彩，先學小題大作

～吃了冰沙，要記得消暑滋味～

題目：〈暑假生活記趣〉

暑假兩個月，媽媽感覺是小鬼門開，日子難熬？還是親子共處的時光寶貴，一溜煙就過了呢？

感覺如何，決定在媽媽的心。但，想必大部分的媽媽都不喜歡作文功課吧？

寒假寫過年，暑假寫記趣，端午節、中秋節也得寫寫應景的題目！每次看到題目，都得陪著孩子想：到底要寫些什麼好呢？

寫什麼，讓孩子決定吧！

避免草率和敷衍，別急著寫，就像吃冰一樣，吃過了再寫，才寫得出深刻！所以，〈暑假生活記趣〉也可以等到暑假進入尾聲了，媽媽再打開照片的儲存檔案，和孩子一起回憶，找精彩的來寫。

暑假生活記趣，寫的不是應付學校的作業，是教孩子收藏一個暑假的美好。孩子不該被作業追趕和填滿，但兩個月的假期，寫一篇〈暑假生活記趣〉是必要的。沒有期待，就少動力，沒有必要，容易鬆散，有一篇作業等在那裡，孩子就有機會整理出一個暑假最難得的回憶。

媽媽可以
這樣做
mom

【突破障礙的妙方】
請孩子把握每個當下，盡情的玩，專心
的學。和孩子討論以什麼回憶當題材，
然後小題也可以大作。

●題材參考1 〈暑假生活記趣之居家篇〉

小題方向 和孩子在家製作點心。

大作重點 點心製作過程所發生的趣事。

小 訣 竅 用愛玩的心創造歡笑。
用相片記錄當下的歡愉。

●題材參考2 〈暑假生活記趣之學習篇〉

小題方向 孩子上營隊或學習才藝。

大作重點 過程中，特別的發現，或學習上的收穫。

小 訣 竅 比較法，哪一個活動特別好玩？好玩在哪？
專業法，學到哪些技能或知識，選一樣介紹清楚。
佳句法，老師說的哪段話值得記下來。

●題材參考3 〈暑假生活記趣之旅行篇〉

小題方向 去旅行。

大作重點 重點在發現和啟發。旅行的趣味不在時間的長短，而在
獨特的發現。「很好玩」、「想再去」都是廢話，「看
到這個，又看到那個」不寫清楚就沒意義，請深入寫一
段旅行上的觀察或發現。

小 訣 竅 用相片記錄，也帶回紀念品。

●題材參考4 〈暑假生活記趣之放空篇〉

小題方向 放空也很好。

大作重點 難得一個暑假可以好好的放鬆和沉澱，看著雲朵發呆、
聽見時鐘滴答滴，放空時，腦袋突來的聯想，眼睛突然
捕捉的畫面，都可以變成趣味，寫出好玩。

小 訣 竅 塗鴉記錄或聯想，重點是小題大作要能言之有物。

● 題材參考5 〈暑假生活記趣之觀察篇〉

小題方向 生活中的觀察。

大作重點 觀察，不必遠赴深山。坐在圖書館可以觀察到有趣的人，走在路上可以觀察到街上流浪狗。陌生人、街狗在孩子看來有什麼樣的故事？透過觀察、記錄，和關心，孩子將學到專注、聯想、持續的能力，也將發想一段自己意想不到的故事。

小 訣 竅 除了觀察，也要發揮想像力。

● 題材參考6 〈暑假生活記趣之擺脫緊箍咒篇〉

小題方向 獨立去完成一件不曾做過的事。

大作重點 趁著暑假，給孩子更多自主學習的機會。將這件事的心得記錄下來，也是難得的暑假回憶喔！

小 訣 竅 讓孩子發現「成就感的魔力」。

idea
給媽媽的
小錦囊

每到暑假，媽媽和孩子都很忙碌。不見得每個孩子、每個家庭都能參加營隊或出門玩，但好玩的事不能少！寫作之前，媽媽先為孩子製造樂趣，也陪孩子找到有趣的回憶，孩子才有辦法將事件記錄成吸睛的文句。

陪伴孩子找重點時，媽媽可以嘗試打破砂鍋問到底，問問為什麼？然後呢？不斷挖掘的過程，孩子也必須不斷思考。

◀寫有趣之前，先體驗好玩的事。

草稿
快樂的暑假生活

這個暑假，我不僅參加學校舉辦的游泳、直排輪、越野車營隊，還去上主播營隊、參觀電視台，而且去桃園和新竹旅遊。留下很多美好的回憶。

雖然去了這麼多地方，但是讓我印象最深刻的是去新竹玩，那裡有個超級長的溜滑梯，溜下去的速度非常驚人，只要玩一次保證你回味一輩子。溜滑梯下，是一片一望無際的草原，有人在上面遛狗、遊戲、追逐，我也在上面射飛盤，草原旁是一片綠油油的森林，我走在森林裡，吸著新鮮的空氣，哇！那真是太美好了。當我們要離開時，樹下有一隻中暑的狗，牠虛弱得連喝水都無法喝，還發出像豬叫一樣的聲音，不久主人就把牠帶走了。

這次的暑假，除了去新竹，我們還去了公共電視台參觀，一到那裡，導覽員就帶我們去攝影棚。一進到裡面，天花板上密密麻麻的電燈就把我吸引住了，導覽員還介紹了貓梯、隔音墊、灰門等，不久，導覽員帶我們到了頂樓，那裡有好幾個衛星天線，導覽員介紹這些衛星天線是用來把訊號傳輸到人造衛星，再由人造衛星把訊號傳送到各地。離開頂樓後，我們到了放道具的倉庫，這裡不僅有「下課花路米」的醬油店，還有水果奶奶的道具等。真是多采多姿。

這個暑假，我學習到了許多事情，例如，做每件事都要試試看，還有游泳的技巧，希望明年的暑假能跟這次一樣既充實又有收穫，而且非常快樂。

❶要將自己的感受具體形容。

與主旨無關。刪除。

❷必須將發現說清楚，媽媽可以利用問題，引導孩子回憶精彩的過程，提醒孩子要將一件事敘寫清楚。（此段還有類似問題，請比較修改後的句子）。

突兀，不流暢。刪除或修改。

修改後
快樂的暑假生活

　　這個暑假，我不僅參加學校舉辦的游泳、直排輪、越野車營隊，還去上主播營隊、參觀電視台，而且去桃園和新竹旅遊。留下很多美好的回憶。

　　雖然去了這麼多地方，但是讓我印象最深刻的是去新竹玩，那裡有個超級長的溜滑梯，溜下去的速度快得好像要 ●❶
衝上天空！我玩了一次又一次，到現在還回味無窮呢！溜滑梯下面，是一望無際的草原，有人在遛狗、遊戲、追逐，我們也在那裡玩飛盤。草原旁邊是茂密的樹林，我也走進樹林裡，呼吸到新鮮的空氣，哇！那感覺太美好了。

　　這次的暑假，我還去了公共電視台參觀。一到那裡，導覽員就帶我們去攝影棚。攝影棚的天花板上有密密麻麻的 ●❷
燈，上面貼著藍色、黃色不一樣的色紙，原來這樣可以把人拍得更漂亮！燈導覽員還介紹了貓梯、隔音牆、灰門等，不久，導覽員帶我們到頂樓，那裡有幾個巨大的衛星天線，這些衛星天線會把訊號傳送到人造衛星，再由人造衛星把訊號傳送到各地。離開頂樓後，我們到地下室的倉庫，我看到「下課花路米」的醬油店，還有水果奶奶的道具，當攝影棚要用這些東西時，工作人員會用工作車，把舞台和道具推進地下室的灰門，送到樓上的攝影棚，所以灰門就是可以裝進一頭大象的電梯啊！

　　這個暑假，我很開心，也學習到許多好玩的事，我知道了：做每件事都要試試看，只要做過就有機會收穫。希望明年的暑假也能如此充實，我也一定會非常快樂。

遣詞用句，不求華麗，要求流暢和真摯
～吃過山珍海味，不如最平常的滋味～

題目：〈我的媽媽〉

孩子學寫作的過程，老師難免教孩子用簡單的架構來練習，也會要求孩子學習修辭美化語句。但，文章最需要表現的是真摯。一般來說，孩子的遣詞用句，先追求明白，再求條裡，避免口語之後，再講究修辭。

如果，孩子有想法，能說明白，不想套用老師教的架構，不想運用修辭，只想寫出真情實意，可不可以呀？

作文沒有公式，孩子大可勇敢的表現。

成語會的不多沒關係，寫出真摯最重要，不想勉強運用修辭，寫出平常也能感動人心，媽媽可以支持孩子，用他的條裡，表現流暢。

然而，我們尊重孩子的主見，孩子也必須提出，讓媽媽能夠支持他的創意。不只學作文如此，生活教育也是，盲目的支持孩子，將讓孩子失了分寸。理解孩子的想法和能力後，當孩子的引導和後盾，期待孩子跳脫框架表現獨創，媽媽和孩子都必須清楚，自主的表現並非毫無依循、毫無規範，而是在基本的規矩裡，大膽發揮獨特，並還能暢達的表現思想。

●告訴孩子語句要流暢，先清楚要寫些什麼

　方法1　基礎的寫人架構
題目：〈我的媽媽〉
一、描寫媽媽的長相。
二、描述媽媽的個性和故事。
三、寫自己和媽媽的互動。
四、想對媽媽說的話。

方法2 媽媽提出問題，引導孩子說想法

題目：〈我的媽媽〉

問問孩子：

★媽媽在你眼中的形象。

★媽媽和你的故事，哪一段讓你印象深刻。

★這些故事帶給你什麼影響？

★你有什麼話想對媽媽說？

★要介紹媽媽給大家認識，你會怎麼說？

> **小提醒**
>
> 如果，媽媽也寫一篇〈我的孩子〉，真誠的表現出自己對孩子的情感和期待，孩子看了以後，一定更懂得怎麼寫〈我的媽媽〉。

方法3 讓孩子依據想法擴寫

題目：〈我的媽媽〉

請孩子根據這個題目說四句想法，這些想法要有一個「中心思想」。中心思想可以是「想對媽媽說的真心話」，可以是「感謝媽媽的話」，也可以是「介紹媽媽的話」或其他，例如：

★媽媽，你可以不要那麼健忘好嗎？

★媽媽，我覺得你煮的蛋包飯不好吃！

★媽媽，我想跟你去吃迴轉壽司。

★媽媽，對不起，我做事太拖拖拉拉了。

接著擴寫。

● 教孩子擺脫口語化，這樣練習

寫作之前，先想清楚要寫什麼，確定中心思想，才開始接著進行。

方法1

①先擬出每一段的重點。寫出來的文句必須經過思想，不是堆砌文字。

②寫完之後，從頭唸一遍，感覺哪邊的句子不順暢，立即修改，多練習，就能越寫越通順。

方法2

①請孩子先用說的。媽媽一邊將孩子說的內容打成電腦的文字稿，接著：針對孩子的草稿修改。用括號去引導孩子把話說得更清楚。

②為表現條理，也可以請孩子將語句前後調動。但必須和孩子討論，要尊重孩子的原意，也要讓他明白這樣改寫的意義。

③陪孩子再讀過他說的文章，和他討論怎麼潤飾會更通順。

媽媽陪孩子這樣修改

星哥這樣說

　　我的媽媽是一位作家，平時，照顧著我們、守護著我們。她就像我們的仙女，一直靜靜的陪伴在我們身邊。

　　小時候，媽媽帶著我四處旅行，那時候就算遇到挫折，我也不會怕。妹妹出生後，我們帶著妹妹到處遊玩，一起做很多事。有一天，我走入了校園，這就是我第一次進了教室，這一天的到來，把我的生活改變了，我不像從前的自由，必須花費時間在這一個小社會，也必須聽從老師的指令，媽媽給我一個月亮吊飾，後來，我就慢慢適應了。

　　我的媽媽平時白天陪我們，晚上坐在電腦前工作，她經常到深夜才休息，我希望能一直和媽媽在一起。

利用方法2　❶＋❷表現條理

　　我的媽媽像（　　　　　　　　　　　　　），她照顧著我們、守護著我們，一直靜靜的陪伴在我們身邊，她會施展魔法，讓我的生活（　　　　　　　　　　）。

利用方法2　❸把話說清楚，也把句子寫得流暢

　　我的媽媽像仙女，她照顧著我、守護著我，一直靜靜的陪伴在我身邊，她會施展魔法，讓我的生活變得很精彩。

　　記得我小時候，媽媽常常帶著我四處旅行，我的生活充實又快樂，就算是遇到挫折，只要媽媽陪在我身邊，我就什麼都不怕。後來，妹妹出生了，我們三個人每天一起散步，一起撿花瓣，一起做很多事情，那是很幸福的時光。

但是有一天，我走入了校園，這就是我第一次進入教室，這一天的到來，把我的生活改變了，我不像從前那般自由，必須花費時間在這一個小社會，也必須聽從老師的指令。那時候，媽媽給我一個小吊飾放在口袋，我常常摸摸月亮形狀的吊飾，感覺媽媽在陪我，我也慢慢的適應了。

我的媽媽是一位作家，平時白天陪我們，晚上坐在電腦前工作，她經常到深夜才休息，我喜歡認真的媽媽，我真希望能一直和媽媽在一起。

小提醒

〈我的媽媽〉，星哥想表現的中心思想是「喜歡媽媽的陪伴」。寫媽媽，不需要華美的詞藻，只要用真心寫下日常，如同追求飽餐，日日年年，教人最為需求的，不是天天有山珍海味帶來驚喜，而是餐餐有平常滋味得以滿足。

idea
給媽媽的
小錦囊

★小小修改，大大加分。用媽媽的眼，為孩子抓出問題點，就能讓孩子慢慢的學會表現清楚和流暢。

一招聯想，克服萬難
～最感動的一味～

題目：〈爸爸的手〉

有一日，我整理電腦硬碟中的照片檔，驚地發現，當一個母親，我總捕捉著家人的身影，自己的身影卻隨時間隱形了！

每一個當下，總是希望孩子的表情和舉手投足成為記憶裡的永恆，於是情不自禁的按下定格鍵。那麼，我的身影，也能成為孩子心中一個定格畫面嗎？

如果孩子不能珍視父母的身影，是天生不能，還是，大人不曾給孩子機會？

那天下午，我和星哥在家，孩子一邊寫作業，我一邊打稿子，過了一會兒，他問道：「媽媽，你最近在寫什麼故事啊？」

我停下工作，移動滑鼠，為他唸出螢幕上的文字，也讓他看到幾張照片，他發現，媽媽將他熟悉的日常編寫成書，他說媽媽的手好厲害啊！怎麼經常在電腦上敲敲打打，就讓他看到了驚喜。

「那爸爸的手呢？你知道爸爸的手都在做什麼嗎？」我問星哥。

星哥一愣，我接著說：「我們來寫〈爸爸的手〉吧！」

他「啊」一聲，覺得任務艱難，而我心想，只要能感受爸爸對他的愛，而後啟動聯想模式，就應該會啊！

●陪孩子玩聯想

★用直覺就能聯想

顏色聯想：黑色想到（巫婆），紅色想到（　　），綠色想到（　　）……。

名詞聯想：飛機想到（出國），烏龜想到（　　），火鍋想到（　　）……。

事件聯想：上學想到（考試），逛街想到（　　），跌倒想到（　　）……。

★有方向就能聯想

①「形狀」、「功能」、「情境」、「相似」、「相反」等具象條件的聯想。

②「人（動物）、事、時、地、物」等敘事元素的聯想。

③「視覺、嗅覺、味覺、觸覺、聽覺、心覺」等感官的聯想。

　　例：〈我的寵物〉，利用方向①，聯想到「毛茸茸」、「溫暖」、「撒嬌」、「小狗」、「人類」。從這些聯想結果，也就可以擬出大綱了：

　　第一段，寵物毛茸茸的很可愛，牠是一隻貓。

　　第二段，抱著牠很溫暖，牠最愛跟主人撒嬌了。

　　第三段，爸爸本來要養狗，我卻一看到這隻貓就喜歡上了。

　　第四段，寵物的世界裡只有主人，我一定要好好的愛護牠。

●運用聯想構思寫作材料

方法1　四射的聯想

請孩子說一說：

①（種菜）：爸爸種菜，希望家人吃得健康。

②（大力士）：爸爸就像大力士，把我和妹妹扛起來。

③（粗糙）：爸爸的手很粗糙，像做過很多苦工，感覺很辛苦，但是爸爸並不在意。

④（像一艘大船）：爸爸大大的手就像一艘大船，這艘大船經常帶我到四處去旅行。

方法2 環狀的聯想

〈爸爸的手〉 ⟶ 寬厚 ⟶ 溫暖

什麼都不怕

守護

拇指小人 ⟵ 安心 ⟵ 房子

請孩子說一說：

爸爸的手寬寬厚厚，他牽著我，我就覺得很溫暖，像被一間堅固的房子守護著，讓我很安心，有爸爸的手牽著我，我就像個小小的拇指人，在他的牽引裡，我什麼都不怕了。

idea
給媽媽的
小錦囊

聯想力豐富的孩子，遇到各種題目都能表現豐富的想法。
所以，想要寫作文沒煩惱，就一定要學會聯想。

爸爸的手

作者：星同/四年級

爸爸的手，在上班的時候打電腦，在下班後種菜，那是一雙忙碌的手。

那雙手粗得像菜瓜布，但是，我喜歡爸爸掌心的溫度，喜歡爸爸輕輕握著我的感覺。每次，一家人出門，爸爸總是牽著我，帶我走在媽媽和妹妹的前面，爸爸寬厚的大手，讓我覺得很安全，只要爸爸這樣牽著我，不論到哪裡我都感到安心。

有一次，爸爸用手把我和妹妹扛起來，還請媽媽幫我們拍照，他說再過幾年，我們長大了，他的手也沒力氣了，趁著我們還小，他要記錄下這一幕，我覺得很好玩，也覺得好幸福，爸爸的手，包圍我、支持我，也讓我看到不一樣的世界。

爸爸的手像一艘大船，為我們的家帶來方向，也帶我到各地去開眼界，在這雙手的守護裡，我看到爸爸的責任和愛心，也想學爸爸，用一雙手守住一個家。

小提醒

用聯想，能發現題材、架構，也能細膩內容，一招聯想就能在寫作時過關斬將，但也要孩子靈活思考，才能在平凡的滋味裡，貫串出感人的韻味。

親子互動時間

聯想遊戲填填看

A 四射的聯想
題目
( )

聯想遊戲 ★ 填填看

B 環狀的聯想
題目
（　　　　　　）

note

語詞碰撞魔法小卡

請沿虛線將語詞卡剪下，再進行遊戲。

陽光

窗簾

戰爭

卡車

果汁

網路

車禍

烤肉

買菜

飛翔

下課

考試

直排輪

地球

籃球場

親子互動時間

語詞碰撞魔法小卡

請沿虛線將語詞卡剪下，再進行遊戲。

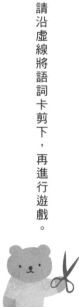

 老巫婆	 救護車	貓打呼
 海洋生態	 律師	 七個小矮人
 醜陋	 跌倒	 美味可口
 綠色	 日月潭	 帳篷
 校長	 馬桶	 彈跳床

語詞碰撞魔法小卡

請沿虛線將語詞卡剪下，再進行遊戲。

 尾巴	 藥	 吃到飽
 基隆夜市	 螃蟹	 農曆七月
 宗教	 飛天魔毯	 怒吼
 水溝	 空氣汙染	 香港腳
 緩慢	 對不起	 虎牙

149

note

國家圖書館出版品預行編目（CIP）資料

媽媽陪孩子玩出作文力：從遊戲中突破寫
作障礙，獲取作文高分金鑰！/ 曾玟蕙著.
-- 初版. -- 新北市：
漢欣文化事業有限公司, 2021.10
160面；23X17公分. -- (教養與學習；2)

ISBN 978-957-686-813-9(平裝)

1.漢語教學 2.作文 3.小學教學

523.313　　　　　　　　　110013714

 　　　　　　定價320元

教養與學習 2

媽媽陪孩子玩出作文力
從遊戲中突破寫作障礙，獲取作文高分金鑰！

作　　　　者／曾玟蕙

繪　　　　者／琳恩麵包店

總　編　輯／徐昱

封 面 設 計／韓欣恬

執 行 美 編／韓欣恬

出　版　者／漢欣文化事業有限公司

地　　　　址／新北市板橋區板新路206號3樓

電　　　　話／02-8953-9611

傳　　　　真／02-8952-4084

郵 撥 帳 號／05837599 漢欣文化事業有限公司

電 子 郵 件／hsbookse@gmail.com

初 版 一 刷／2021年10月